Jay Cleve

Licht am Ende des Tunnels

Wie Depressive und ihre Angehörigen sich selbst helfen können

Mit einem Vorwort von Prof. Dr. med. Daniel Hell

Aus dem Englischen übersetzt von
Matthias Wengenroth

2. Auflage

Verlag Hans Huber
Bern · Göttingen · Toronto · Seattle

Die Deutsche Bibliothek – CIP-Einheitsaufnahme
Cleve, Jay:
Licht am Ende des Tunnels : wie Depressive und ihre Angehörigen sich selbst helfen können / Jay Cleve. Mit einem Vorw. von Daniel Hell. Aus dem Engl. übers. von Matthias Wengenroth. - 2. Aufl.. - Bern ; Göttingen ; Toronto ; Seattle : Huber, 2000
(Aus dem Programm Huber: Psychologie-Sachbuch)
Einheitssacht.: Out of the blues <dt.>
ISBN 3-456-83528-0

Nachdruck 2003 der 2. Auflage
© 1997/2000 für die deutsche Ausgabe by Verlag Hans Huber, Bern
Druck: Druckhaus Beltz, Hemsbach
Printed in Germany

Vorwort

Depressive Leidensformen gehören zu den verbreitetsten Erkrankungen des modernen Menschen überhaupt. Vieles weist darauf hin, daß sie noch stetig zunehmen. Trotzdem sind Depressionen nur selten ein öffentliches Thema. Meist spielen sie sich im Verborgenen ab. Sie gehören zur dunklen Seite des Lebens.

Auch wissenschaftlich ist es bisher nicht gelungen, das Geheimnis der dunklen Nacht der Depression völlig zu lüften. Vieles bleibt unverstanden – trotz großem Erkenntniszuwachs in den letzten Jahren. Ist daraus der Schluß zu ziehen, daß noch keine adäquaten Therapien zur Verfügung stehen? Keineswegs! Viele erfolgreiche Therapien für ganz unterschiedliche Erkrankungen sind zu einem Zeitpunkt entwickelt worden, als die Ursachen der Störungen noch nicht vollständig aufgeklärt waren. Dies gilt auch für Depressionen. Es ist deshalb nicht nötig, heutige Teilerkenntnisse – etwa die veränderte Konzentration von Botenstoffen im Gehirn während eines depressiven Zustandes – überzubewerten, um die Wirkung einer Therapie zu erklären. Die Betonung von Teilaspekten einer Erkrankung kann sogar dazu führen, daß die eigene Position der Betroffenen in der Auseinandersetzung mit dem Leiden geschwächt wird und übersehen wird, was man selber zur Überwindung der Problematik beitragen kann. Depressive Menschen neigen besonders dazu, ihre Fähigkeiten zu unterschätzen. Das Auftreten einer Depression kann ihre Überzeugung noch bestärken, selber nichts zur Bewältigung ihres Leidens beitragen zu können.

Hier setzt der Autor dieses Buches, Jay Cleve, ein. Aus dreißigjähriger Erfahrung in der Begleitung depressiver Menschen weiß er um die Bedeutung der Selbsteinschätzung depressiver Menschen und um die Macht der Selbsthilfe. Selbsteinschätzung und Selbsthilfe haben viel miteinander zu tun. Paradoxerweise laufen gerade Menschen, die hohe Ansprüche an sich stellen, besonders Gefahr, im Zustand der Depression auch das zu unterlassen, was sie noch tun könnten. Menschen, die zum Perfektionismus neigen, haben Mühe sich einzugestehen, daß auch der stärkste Wille eine depressive Blockade nicht zu durchbrechen vermag. Weil sie annehmen, nur eine ganz ausgezeichnete Leistung könne sie aus der Depression herausholen, fallen ihnen kleine Schritte schwer. Ein schrittweises Vorgehen ist aber gefragt, wenn die eigenen Möglichkeiten im Zustand der Depression begrenzt sind und die «angezogene Depressionsbremse» nur noch geringe Aktivität zuläßt. Jay Cleve setzt auf diese Restaktivität. Er ist zu Recht der Überzeugung, daß eine depressive Periode auch Gelegenheit zu persönlichem Wachstum geben kann. «Eine Depression kann eine Herausforderung darstellen, sich dem Schmerz zu stellen und aktiv an seiner Überwindung zu arbeiten.»

Jay Cleve ermutigt zur Auseinandersetzung mit der Depression, allerdings erst dann, wenn das größte Tief überstanden ist. «Wenn der Taifun bläst», rät er mit einem chinesischen Sprichwort, «sich mit dem Sturm zu biegen.»

Er sieht das Problem – vereinfachend – weniger darin, «eine Zeitlang deprimiert zu sein, sondern wie man damit umgeht». Diesem Umgang ist denn auch sein Buch gewidmet. Jay Cleve gibt in einfacher, direkter Sprache, die alles lösbar erscheinen läßt, – wie es fast nur ein amerikanischer Autor tun kann – praktische Hinweise, was Betroffene und Angehörige tun können, um sich schrittweise aus der Depressionsspirale zu befreien. Er stellt genau jene Fragen, auf die es ankommt und die Betroffene interessieren: Was kann ich kurzfristig, was langfristig tun? Wie kann ich meine Beziehungen zu anderen verbessern? Er behandelt in seinem Buch all das, was in Sachbüchern über die Depression sonst zu kurz kommt, nämlich die eigenen Möglichkeiten der Depressiven, den Erkrankungszustand zu erleichtern und spätere Depressionen zu vermeiden. So ist nicht nur ein anregendes und hilfreiches, sondern ein nötiges Buch entstanden. Es widerspricht der weitverbreiteten und heute durch wissenschaftliche Fortschritte eher noch geförderten Haltung, depressive Menschen wären ihrer Erkrankung hilflos ausgeliefert und allein auf eine medizinische Reparatur angewiesen. Es ergänzt die oft nötige medizinische Therapie mit echter Hilfe zur Selbsthilfe.

Dabei kommt Jay Cleve nicht darum herum, in seinem Buch sehr viele Ratschläge zu erteilen. Manche Leserin und mancher Leser mag sich bei der Lektüre in ein Trainingslager versetzt fühlen. In der Tat lehrt Jay Cleve depressive Menschen, sich nicht aufzugeben, sondern die Depression wie eine Lehrstätte zu sehen, die persönliche Veränderungen nötig macht. Eine solche Haltung kann gewiß auch überfordern. Umso wichtiger erscheinen mir Sätze wie: «Wenn Sie nicht ziemlich schnell herausfinden, was Ihre depressive Stimmung ausgelöst hat, hören Sie auf, sich darüber den Kopf zu zerbrechen.» Oder: «Langsam vorwärts zu kommen ist besser, als gar nicht vorwärts zu kommen», oder sogar: «Lassen Sie eine Depression zu, wenn es geht.»

Dieser letzte Satz erscheint paradox in einem Buch, das dem selbstverantworteten Weg aus Depressionen heraus gewidmet ist. Er spricht aber eine tiefe Wahrheit aus. Das blinde Bekämpfen von Depressionen kann zum Auftreten des Abgewehrten beitragen. Oder anders gesehen: Wer depressiven Verstimmungen (solange sie nicht grausam schwer sind) ins Auge sehen kann, hat bessere Chancen, sich mit ihnen auseinanderzusetzen. Depressionen sind nicht immer vermeidbar. Jeder Ratschlag, Depressionen um jeden Preis zu vermeiden, wird zum Rückschlag für den Betroffenen, wenn trotzdem eine Depression auftritt. Leichtere depressive Verstimmungen können sogar den Weg aus wiederkehrenden Depressionen begleiten.

Jay Cleve schreibt ungeschminkt, offen und direkt, stets aber mit spürbarer Achtung gegenüber depressiven Menschen. Er versteht seine Ratschläge nicht als eiserne Regeln, sondern als Vorschläge, wie ein Problem angegangen werden kann. Er läßt die Betroffenen selber beurteilen, ob oder inwieweit seine Vorschläge für sie brauchbar sind. Damit stärkt er eine Haltung, die vielleicht am besten mit Selbstvertrauen und Zukunftshoffnung umschrieben werden kann. Was kann man sich für depressive Menschen mehr wünschen?

Im Juli 1997   Prof. Dr. med. Daniel Hell
                                        Psychiatrische Universitätsklinik
                                        Zürich

Daniel Hell ist der Autor von: *Welchen Sinn macht Depression?* Ein integrativer Ansatz. Erschienen 2002 (8. Auflage) als Rowohlt Taschenbuch. Beim Verlag Hans Huber ist im Jahre 2003 in 2. Auflage erschienen: *Seelenhunger.* Der fühlende Mensch und die Wissenschaften vom Leben.

Inhalt

Mein Dank gilt:

Jane Jordan Browne für ihre unermüdlichen und konsequenten Bemühungen um die Drucklegung und Veröffentlichung des Manuskripts.

Hillary Cige für all ihre Unterstützung.

Ronelle Ewing, Lyn DelliQuadri und Barbara Marinacci für ihre Mithilfe bei der Herausgabe des Buches.

Meinen Klienten aus all den Jahren, von denen ich so viel über Depressionen gelernt habe – und über das Leben.

Cheryl Holmes, die das Manuskript durchgesehen und Verbesserungsvorschläge gemacht hat.

Den Mitarbeitern der *Portage County Mental Health Clinic*, die sich mit dem Material auseinandergesetzt haben und zur Vertiefung meines Wissen über die Depression beigetragen haben.

Einführung

Wenn Sie im Moment depressiv sind, dann sind Sie damit nicht allein. Schätzungen zufolge kämpfen zu jedem gegebenen Zeitpunkt bis zu 30 bis 45 Prozent der Bevölkerung mit Depressionen. Jeder ist hin und wieder einmal niedergeschlagen, «down», «mit den Nerven am Ende». Und dies geht einher mit Gefühlen, die eine Stunde, einen Tag oder länger die Lebensqualität beeinträchtigen können: Erschöpfungszuständen, Ängsten, Schuldgefühlen, Hilflosigkeit, Traurigkeit, Antriebslosigkeit, Selbsthaß und Verzweiflung.

Gelegentliche, kurze Phasen, in denen man deprimiert ist, sind wohl etwas Normales. Leider jedoch kämpfen viele Menschen über Jahre hinweg mit nicht besonders schweren, aber chronischen Depressionen, die zwar einer einigermaßen normalen Lebensführung nicht im Weg stehen, wohl aber Wachstum und Erfüllung erschweren. Es wäre viel gewonnen, wenn Menschen ruhig einmal eine Stunde oder vielleicht auch einen ganzen Tag lang depressive Gefühle zuließen und sich dann konstruktiv mit ihnen auseinandersetzten, bevor diese sich in ihrer Psyche «einnisten» und in tiefe und lähmende Verzweiflung münden.

Das *National Institute of Mental Health* definiert Depression als «emotionalen Zustand, der von Niedergeschlagenheit und Traurigkeit geprägt ist und von einem leichten Unbehagen und Bedrücktsein bis hin zu Gefühlen der Hoffnungslosigkeit und Verzweiflung reichen kann». Die verschiedenen Formen der Depressionen erstrecken sich von einfachen Verstimmungen über eine normale Trauerreaktion bis hin zu einer psychotischen Depression. Depressive Symptome sind unbedingt ernst zu nehmen, vor allem wenn sie schwer sind, längere Zeit anhalten oder häufig wiederkehren. Selbst mit einer hohen Motivation und unter Einsatz all ihrer Kräfte und Fähigkeiten schaffen es manche Betroffene allein nicht, sich von ihren Depressionen zu befreien. In solchen Fällen ist professionelle Hilfe nicht nur angebracht, sie ist absolut notwendig. Ein Mensch muß nicht selbstmordgefährdet, verwirrt oder völlig handlungsunfähig sein, um professionelle Hilfe in Anspruch zu nehmen. *Jeder, der schwer, über einen langen Zeitraum oder häufig unter Depressionen leidet, sollte sich unverzüglich um professionelle Hilfe bemühen.* Von Tag zu Tag nimmt unser Wissen über Depressionen zu, und Hilfe ist möglich.

Obgleich die Depression den Betroffenen wie eine unheimliche dunkle Wolke vorkommt, die sich plötzlich über sie herabsenkt und Leere, Trübsinn und Verderben bringt, handelt es sich nicht um ein mysteriöses, unerklärliches Phänomen. Vielmehr ist die Depression häufig eine relativ vorhersehbare, verständliche und gelernte Reaktion auf Streß, Gefahr oder Konflikte. Und *wenn eine Depression nicht biochemisch bedingt ist oder in einer Trauer- und Neuorientierungsphase auftritt, kann sie mit Hilfe einiger praktischer Bewältigungsstrategien gelindert, unterbrochen, bekämpft und manchmal sogar vorbeugend vermieden werden.*

Vielleicht ist es hilfreich zu wissen, daß die Fachleute den Schweregrad einer Depression nicht allein nach dem subjektiven Befinden bewerten. Vielmehr wird der Schweregrad einer Depression eingeschätzt in Abhängigkeit von ihrer Intensität, Dauer und ihren Auswirkungen auf Nahrungsaufnahme und Schlaf sowie die Gesamtverfassung und die Lebensführung der betroffenen Person. Es ist möglich, daß sich jemand sehr deprimiert fühlt, dennoch relativ normal «funktioniert». In diesem Fall handelt es sich wahrscheinlich eher um eine *depressive Phase* als um eine «richtige» Depression. *Als depressionsanfällig kann gelten, wer häufig depressive Phasen oder schwerere depressive Zustände durchmacht, ohne daß als Ursache irgendwelche körperliche Probleme, belastende Situationen oder Ereignisse oder ein schwieriges Entwicklungsstadium in Frage kämen.*

Dieses Buch wurde zwar in erster Linie für Menschen mit häufig wiederkehrenden leichteren depressiven Phasen geschrieben. Die darin dargestellten Konzepte und Vorschläge haben sich jedoch als hilfreich erwiesen auch für Menschen, die unter schwereren Depressionen leiden oder die aufgrund eines belastenden Lebensereignisses oder eines schwierigen Entwicklungsabschnitts depressiv werden.

Viele Menschen lassen die Gelegenheit zu persönlichem Wachstum ungenutzt verstreichen, die eine depressive Periode darstellt. In einer Gesellschaft, in der man ständig der Gefahr atomarer Katastrophen ausgesetzt ist und in der es Umweltzerstörung, Kriminalität und wirtschaftliche Unsicherheit gibt, wollen viele Menschen keine «schlechten Nachrichten» – und zwar in diesem Fall *über sich selbst* – mehr hören. Und diese bewußte oder unbewußte Vermeidung der Auseinandersetzung mit dem inneren Schmerz führt zu einer starken Außenfokussierung und Fremdorientierung. Der Mensch wird «ko-dependent», geht ganz in anderen auf und konzentriert sich fast ausschließlich auf deren Wünsche, Empfindungen, Bedürfnisse und Vorstellungen. Oder er wird «dependent», völlig abhängig von der Bestätigung, Zuneigung und Fürsorge anderer.

Aber eine Depression kann auch – wie ein Trauerprozeß – Möglichkeiten zu Wachstum eröffnen. Auf der tiefsten Ebene ist eine Depression möglicherweise die Trauer um den Verlust des eigenen Selbst. Wenn wir dem Schmerz in unserem Inneren nicht mehr ausweichen können, *müssen* wir uns auf uns selbst konzentrieren, wenn wir diesen Schmerz überwinden wollen. Der Schmerz zwingt uns dazu, den Blick nach innen zu richten und uns mit uns selbst zu beschäftigen. Eine Depression kann eine Herausforderung darstellen, sich dem Schmerz zu stellen und aktiv an seiner Überwindung zu arbeiten. Dieses Buch vermittelt Techniken, die dabei helfen können, wieder zu sich zurückzufinden, indem man sich behutsam, aber ehrlich mit sich selbst auseinandersetzt und herausfindet, wer man ist und wo man steht – nicht um sich noch weiter in Schuldgefühle zu verstricken, sondern um durch Selbstannahme, Mitgefühl mit sich selbst und ein neues Selbstvertrauen heilende Kräfte im eigenen Inneren zu aktivieren und wieder einen Zugang zu der Liebe und Vitalität zu bekommen, die die tiefste Ebene des Selbst ausmachen.

Das Wissen, das dieses Buch enthält, ist herausdestilliert aus meinen beruflichen Erfahrungen und Beobachtungen. Ich bin darauf gekommen, es zu schreiben, als ich auf dreißig Jahre Beratung von depressionsanfälligen Menschen zurückblickte und mir klar wurde, daß ich dabei eine Reihe von Strategien immer wieder empfohlen habe. Man könnte mich vielleicht als eine Art «Depressions-Trainer» bezeichnen: In einer Sitzung empfehle ich einem Klienten bestimmte Strategien, in der nächsten Sitzung prüfe ich, wie er mit ihnen zurechtgekommen ist, und empfehle gegebenenfalls andere. Als professioneller Berater depressionsanfälliger Menschen erlebe ich, daß es diesen bei genügend hoher Motivation ziemlich oft möglich ist, sich in relativ kurzer Zeit selbst aus einer Depression zu befreien oder zu verhindern, überhaupt erst in eine hineinzugeraten.

Dieses Buch stellt diejenigen kurzfristigen Taktiken und längerfristigen Strategien vor, die meine Klienten am hilfreichsten finden. Viele dieser Strategien sind so einfach und klar, daß man sie – hat man erst mal verstanden, wie und wodurch sie wirken – sofort selbständig ausprobieren kann. Dies ist ein *Selbsthilfebuch*, das auf der folgenden Prämisse beruht: Je mehr Klarheit man darüber gewinnt, wie man in eine Depression hineingerät und wie man sie – vielleicht ohne es zu wissen – aufrechterhält, um so leichter gelingt es einem auch, die Depression zu erkennen, mit ihr umzugehen und heil aus ihr herauszukommen. Mit Hilfe neuer Einsichten und Fähigkeiten, und indem man an sich arbeitet, kann man vielleicht sogar dahin gelangen, eine Depression völlig in den Griff zu bekommen; in anderen Worten, eine heraufziehende depressive Verstimmung zu erkennen, gegen sie anzugehen oder sich durch sie hindurchzuarbeiten und Möglichkeiten zu finden, sich ihrem Abwärtssog zu entziehen.

Dieses Buch soll Ihnen zeigen, wie Sie einzelne Depressionsepisoden oder eine Neigung zu Depressionen erkennen, durcharbeiten und bekämpfen können. Zu diesem Zweck enthält es relevante Informationen über Depressionen sowie über Strategien, die sich bei vielen Betroffenen als effektiv erwiesen haben.

Viele der depressionsanfälligen Menschen, mit denen ich im Laufe der Jahre gearbeitet habe, gehören zu den offensten, verständigsten, sensibelsten und warmherzigsten Leuten, die ich kenne. Ihre Sensibilität für andere und sich selbst – die vermutlich ursprünglich zum Entstehen ihrer Depression beigetragen hat – erwies sich oft als sehr wertvoll für deren Überwindung. Das Kennenlernen neuer Möglichkeiten, mit Ihren Depressionen umzugehen, wird Sie auch in die Lage versetzen, besser mit Ihrem Leben zurechtzukommen und sich auf das zu konzentrieren, was Sie für sich erreichen möchten (und zu erreichen verdienen). Wenn Sie es soweit gebracht haben, sich selbst von Ihren Depressionen befreien zu können, werden Sie – davon bin ich überzeugt – auch einen besseren Zugang zu

Ihren Gefühlen bekommen und mehr Einfluß auf die Richtung und die Qualität Ihres Lebens haben.

Jay Cleve
November 1995

1. Kapitel

Gibt es Menschen, die besonders anfällig sind für Depressionen, und bin ich vielleicht einer davon?

Welche Menschen neigen besonders zu Depressionen? Um diese Frage zu beantworten, müssen wir uns mit den grundlegenden Komponenten der Depression beschäftigen, aber auch mit dem Persönlichkeitsstil der Betroffenen und den Verhaltensmustern, die zu ihrer Anfälligkeit beitragen.

Grundlegende Komponenten der Depression

Im Laufe meiner langjährigen Arbeit mit depressiven und depressionsanfälligen Menschen bin ich zu der Erkenntnis gekommen, daß Depressionen aus den Komponenten Perfektionismus, Selbstkritik, Schuldgefühlen und Selbsthaß bestehen.

Perfektionismus

Wenn gut nicht gut genug ist

Perfektionismus ist die Erwartung – oder gar die Forderung – eines Menschen an sich selbst, manches, vieles oder *einfach alles* perfekt zu machen. Perfektionismus ist eine Neigung, die alle anderen Eigenschaften eines Menschen durchdringt, und daher eine wichtige Rolle beim Entstehen von Depressionen spielt. Perfektionismus äußert sich oft auf so subtile, kaum zu erkennende Weise, daß die

Betreffenden ihn selbst gar nicht bemerken. Im Inneren der meisten Menschen, die eine Tendenz zu Depressionen haben, lauert irgendwo der Perfektionismus, der sie ständig antreibt, noch besser zu werden. Und manche Perfektionisten sind selbst dann nicht mit sich zufrieden, wenn sie die hohen Maßstäbe, die sie sich selbst auferlegt haben, erreichen.

Wie perfektionistisch man ist und welche Auswirkungen dies auf einen hat, erkennt man oft erst, wenn man einmal sein Verhalten und seine Gedanken genau unter die Lupe nimmt. Beispielsweise kann es aufschlußreich sein, sich nach dem erfolgreichen Abschluß einer Aufgabe oder eines Projekts, mit der Frage zu beschäftigen, ob und wieso man trotz des guten Ergebnisses Schuldgefühle und Unzufriedenheit verspürt. Für einen Perfektionisten sind selbst exzellente Leistungen oft nicht genug. Perfektionisten sind häufig der Meinung, daß alle Menschen befriedigende Leistungen erzielen können, viele sehr gute, und einige ausgezeichnete. Sie selbst hingegen streben nach *absoluter Perfektion*. Und wie sehr sie auch gelobt werden, nie kann sie jemand davon überzeugen, daß sie etwas Wertvolles – oder gar etwas wirklich Ausgezeichnetes – vollbracht haben. Perfektionisten haben nie das Gefühl, gut genug gewesen zu sein; immer wollen sie *noch* mehr leisten, *noch* besser werden, *noch* schneller.

Oft haben Perfektionisten schon von Kindesbeinen an unrealistisch hohe Maßstäbe. In vielen Fällen haben die Eltern – Vater oder Mutter oder beide – extrem hohe Maßstäbe gesetzt, die dann später durch die Gesellschaft bestärkt wurden. Obendrein haben viele Perfektionisten immer das Gefühl, mit irgend jemandem konkurrieren zu müssen – und sei es mit sich selbst. Perfektionisten haben oft die irrige Überzeugung, daß sie nur dann wirklich geliebt und anerkannt werden, wenn sie etwas geradezu Weltbewegendes leisten. Dieser Ehrgeiz entwickelt sich vermutlich schon früh im Leben und wächst dann mit dem Menschen mit. Aus anfänglich kleinen Zielen werden immer größere (und weniger realistische).

Letztendlich bleibt Perfektion natürlich stets unerreichbar. Alles Erreichte ist, im Denken des Perfektionisten, immer nur ein Schritt auf dem Weg zu etwas noch Größerem. Und nur selten ist er mit einer Leistung wirklich zufrieden. Ein Grund dafür, daß Perfektionisten fast immer von den Ergebnissen ihrer Anstrengungen enttäuscht sind, liegt darin, daß sie eher von dem Drang beseelt sind, perfekt zu sein, als daß sie wirklich an der Aufgabe selbst interessiert wären.

Überzogenes Verantwortungsbewußtsein Zum Perfektionismus gehört auch die Überzeugung, irgendwie für alles und jedes verantwortlich zu sein. Ein Beispiel: Ein sehr selbständiges kleines Mädchen läßt seine Mütze im Schulbus liegen. Ein paar Tage später hat sie eine Lungenentzündung. Die Mutter der Kleinen, eine Frau mit einem übermäßigen Verantwortungsbewußtsein, macht sich Vorwürfe wegen der Sache und schafft es auch, sich zu beweisen, daß sie versagt hat: «Ich hätte ihr eine Mütze nach ihrem Geschmack kaufen müssen, die hätte sie dann im Bus gar nicht erst abgesetzt.» «Ich hätte sie von der Schule abholen sollen, dann hätte ich dafür sorgen können, daß sie ihre Mütze aufbehält.» Ein anderes Beispiel: Eine Firma unternimmt einen Betriebsausflugs ins Grüne, es regnet den ganzen Tag. Der Mitarbeiter, der den Ausflug geplant hat – jemand mit einem überzogenen Verantwortungsgefühl –, sucht die Schuld bei sich: «Ich hätte denn Ausflug für später im Jahr planen sollen, da regnet es nicht mehr so oft.» «Ich hätte mir eine Alternative überlegen müssen für den Fall, daß es regnet.» «Hätte ich nur auf die Chefin gehört, sie hat einen anderen Tag für den Ausflug vorgeschlagen, und an dem Tag war das Wetter wunderbar.»

Andere Leute sind in der Lage, über – kleinere oder größere – Patzer mit einem Schulterzucken hinwegzugehen. *Nicht so der Perfektionist.* Ihn verblüfft die Unbekümmertheit, die andere an den Tag legen, wenn sie Fehler machen oder Mißerfolge hinnehmen müssen. Möglicherweise kommt bei ihm sogar etwas Neid auf angesichts dieser Was-soll's-Einstellung seiner Mitmenschen. Die meisten Leute machen sich weit weniger Gedanken über ihre Verantwortung als der Perfektionist. Manch einer geht auch Situationen ganz gern aus dem Weg, in denen er von anderen kritisiert oder zur Rechenschaft gezogen werden könnte. Demgegenüber neigen Perfektionisten dazu, gerade solche Situationen aufzusuchen und sich unlösbare Aufgaben vorzunehmen – sei es aus Schuldgefühl, Angst oder Pflichtbewußtsein heraus oder um anderen zu zeigen, wie verantwortungsbewußt sie doch sind.

Unzulänglichkeitsgefühle Wenn Perfektionisten zu hören bekommen, sie gingen viel zu streng mit sich selbst ins Gericht, stimmen sie vielleicht zunächst sogar zu. Doch im nächsten Atemzug sagen sie vermutlich: «Aber ich verdiene das auch.» Meist sind Perfektionisten selbst ihre schärfsten Kritiker. Und wenn ihnen nahegelegt wird, daß sie zu streng mit sich umgingen und zu viel von sich verlangten, streiten sie dies oft ab und sagen etwas wie: «Wie kannst du so etwas sagen? Ich schaffe es ja kaum, morgens mit der Arbeit anzufangen.»

Viele Perfektionisten äußern anderen gegenüber, daß sie relativ niedrige Ansprüche an sich stellen. Warum sind sie dann nie zufrieden mit ihren Leistungen? Wer hartnäckig nachfragt, kann dem Perfektionisten ein aufschlußreiches Eingeständnis abringen, nämlich daß er sich ständig negativ bewertet, weil er tief in sich ein idealisiertes Selbstbild trägt, das *makellos* ist. Dieses *perfekte* innere Modell gibt dem Perfektionisten eine gewisse Sicherheit, auch wenn er diesem Bild niemals ganz entsprechen kann. Wer allerdings ein zu positives Selbstbild in sich trägt und gleichzeitig nach absoluter Perfektion strebt, muß zwangsläufig Unzulänglichkeitsgefühle entwickeln, da für ihn selbst außergewöhnliche Leistungen eine Enttäuschung sind. Gemessen an einem absolut perfekten Modell schneidet *jeder* Mensch schlecht ab.

Da sich Perfektionisten vor allem auf ihr äußeres, beobachtbares Verhalten konzentrieren, merken sie vielleicht gar nicht, daß die Ansprüche, die sie in ihrem Inneren an sich stellen, überzogen sind. Aber eine permanente Ungeduld mit sich selbst, das Abtun oder Herunterspielen echter Leistungen und eine tiefe Selbstunzufriedenheit sind eindeutig Ausdruck eines überhöhten Selbstbildes als der Super-Arbeiter, der Super-Partner, der Super-Freund, die Super-Mutter oder der Super-Vater und so weiter. Schwieriger wird das Ganze noch, wenn der Perfektionismus sich nicht auf einen oder wenige Bereiche beschränkt. Manche Menschen suchen sich einige, ihnen besonders wichtige Gebiete und Fähigkeiten aus und versuchen, auf diesen Perfektion zu erreichen. Viele Perfektionisten meinen jedoch, auf *allen* Gebieten perfekt sein zu müssen. Und da Perfektion ein Ideal ist, das man nur anstreben, aber nie ganz erreichen kann, sorgen sie auf diese Weise selbst dafür, daß sie immer wieder schmerzliche Enttäuschungen hinnehmen müssen.

Ein perfektionistischer Stil beruht in der Regel auf unbewußten Gefühlen der Scham und Schuld. Und solange ein Perfektionist sich diesen Gefühlen nicht stellt, jagt er weiter seinen unerreichbaren Zielen hinterher.

Neigung zur Selbstkritik

«Anscheinend haben sie das Gefühl, daß sie es nicht verdienen, glücklich zu sein.»

Im Gegensatz zum Perfektionismus ist die massive und oft unerbittliche Selbstkritik, die einsetzt, wenn die perfektionistischen Maßstäbe nicht erreicht werden, relativ leicht zu erkennen. Depressionsanfällige Menschen sind ausgesprochen streng zu sich selbst. Und weil sie als Perfektionisten so unrealistisch hohe Erwartungen an sich haben und sich so viel abverlangen, genügen sie ihren eigenen Maßstäben letztlich nie – selbst in ihren besten Zeiten nicht. Oft leiden sie selbst dann unter unbestimmten Schuldgefühlen, wenn sie sich in einer Phase befinden, in der sie eigentlich mit sich und ihrem Leben ganz zufrieden sein könnten. Anscheinend haben sie das Gefühl, daß sie es nicht verdienen, glücklich zu sein. Wenn es ihnen dann wieder schlecht geht, sehen sie darin die «Strafe» dafür, es eine Zeitlang einfach zu gut gehabt zu haben.

Depressionsanfällige Menschen neigen dazu, an allem, was sie tun, etwas auszusetzen zu haben. Nie genügen sie ihren eigenen Ansprüchen. Und wenn es ihnen schlecht geht, ziehen sie sich oft noch weiter herunter durch wenig aufbauende Sätze wie: «Ich weiß, ich bin ein Versager, eine Niete; ich habe es verdient, daß es mir so schlecht geht.» Ihre einzige Chance sehen sie häufig darin, sich durch noch mehr Selbstbeschimpfungen und Selbstvorwürfe wieder «auf Vordermann zu bringen».

Wer mit sich selbst im Lot ist, hat in der Regel relativ realistische Vorstellungen von seinen Fähigkeiten und Leistungen. Aber wer sich selbst nicht richtig leiden kann, hat oftmals das Gefühl, etwas Besonderes leisten zu müssen, um mit sich zufrieden sein zu können. Folglich verlangen Menschen um so mehr von sich, je depressiver sie sind. Sie unterwerfen sich also gerade dann den höchsten Maßstäben, wenn sie am wenigsten in der Lage sind, diesen gerecht zu werden. Nur eine ganz ausgezeichnete Leistung, so meinen sie, kann einen aus der Depression herausholen. Aber da solche ausgezeichneten Leistungen in Anbetracht der schlechten Verfassung, in der sie sich befinden, völlig außer Reichweite liegen, werden sie immer verzweifelter. Und irgendwann stellt sich bei ihnen das Gefühl ein, nichts tun zu können, um je wieder zufrieden mit sich zu sein.

Wer extrem streng mit sich umgeht und dabei zunehmend depressiver wird, der versucht manchmal, seiner eigenen Selbstkritik mit Hilfe von außen etwas entgegenzusetzen. Er sucht sich dann Leute, die seine falsche Selbstwahrnehmung korrigieren und ihn davon überzeugen sollen, ein wertvoller Mensch zu sein. Manchmal pickt er sich dafür ziemlich wahllos irgendwelche Leute heraus. Aber selbst wenn er die richtigen Leute findet und von ihnen positive Meinungen über sich selbst zu hören bekommt, fällt es ihm oft schwer, diese Rückmeldungen anzunehmen oder ihnen Glauben zu schenken. Oft werden vollkommen angemessene und aufrichtige Komplimente abgetan mit Worten wie: «Ach, diese Leute kennen mich doch gar nicht wirklich. Wenn sie mich kennen würden, hätten sie bestimmt nicht so eine gute Meinung von mir.» «Jeder hätte die Sache mit ein bißchen Mühe *mindestens* so gut hingekriegt wie ich.» «Ich hatte einfach nur Glück.» «Das hat sie doch nur gesagt, um mir Mut zu machen.» Ein Freund oder Kollege, der hilfreich sein will, bekommt dann oft den Eindruck, keine Chance gegen so viel Selbstkritik zu haben – vor allem, wenn der Depressive die Bestätigung, die er ja eigentlich braucht und will, immer wieder zurückweist und dazu benutzt, seiner Selbstkritik weiter Nahrung zu geben.

Schuldgefühle

«... daß man sich schließlich sogar nach Bestrafung sehnt.»

Die Vorwürfe, die Leute sich machen, weil sie ihren eigenen überzogenen Erwartungen nicht genügen können, führen schließlich zu Schuldgefühlen wegen der Sünden und Fehler, die sie vermeintlich begangen haben. Wer sich tief in seinem Inneren für alles verantwortlich fühlt und meint, immer perfekt sein zu müssen, der ist zwangsläufig die meiste Zeit von sich enttäuscht. *Aber woher kommen die Schuldgefühle?* Ich denke, daß einige der Methoden, mit denen Kinder zu braven, gesetzestreuen Bürgern erzogen werden, auf Schuldgefühlen beruhen. Kindern werden Schuldgefühle eingeflößt, damit sie zu fleißigen und rücksichtsvollen Menschen heranwachsen. Viele Menschen – auch diejenigen, die anscheinend ständig anderen die Schuld für alles in die Schuhe schieben, was in ihrem Leben falsch läuft – leiden unter Schuldgefühlen und einem überzogenen Verantwortungsbewußtsein. Von ihren Eltern haben sie vielleicht immer wieder zu hören bekommen: «Du solltest dich schämen!» In der Schule: «Du hast dich nicht genügend angestrengt!» Von der Kanzel: «Du bist ein Sünder!»

Manchmal werden Schuldgefühle von panischen Ängsten begleitet, insbesondere wenn einem in der Kindheit Fehler und Verstöße von seiten der Eltern oder anderer Bezugspersonen besonders stark angekreidet oder sogar mit Liebesentzug bestraft wurden. Da manche der verinnerlichten, unbewußten Regeln und Vorschriften im Laufe des Älterwerdens unverändert bestehen bleiben, kommen bei einigen perfektionistischen Erwachsenen schon *allein bei dem Gedanken* an einen möglichen Fehltritt Ängste und Schuldgefühle auf. Diese Schuldgefühle können sehr bedrohlich und belastend werden und dazu führen, daß man sich schließlich sogar nach Bestrafung sehnt. Diese Bestrafung kann die Schuldgefühle vorübergehend zum Verschwinden bringen und *für sehr kurze Zeit* das Gefühl, ein liebenswerter und akzeptabler Mensch zu sein, wieder herstellen.

Selbsthaß

«Ist er ... einmal entstanden, führen bestimmte Mechanismen dazu, daß er rasch stärker wird und sich ausbreitet.»

Selbstkritik aufgrund des Nichterreichens perfektionistischer Maßstäbe und die daraus resultierenden Schuld- und Schamgefühle münden schließlich in Selbsthaß. Diese Entwicklung vollzieht sich oft, ohne daß die Betroffenen sich ihrer bewußt werden. Wer voller Schuldgefühle steckt, entwickelt häufig irgendwann Aggressionen gegen sich selbst. Und wenn diese Aggressionen nach innen gerichtet werden, setzt der Selbsthaß ein. Dies kann sehr plötzlich geschehen. Man könnte meinen, daß dieser Haß auf sich selbst durch ein bestimmtes Ereignis nur ausgelöst und an die Oberfläche gebracht wurde. Zu sehen, wie schnell sich manchmal eine gute Stimmung in Luft auflöst, *wie schnell alles zusammenbrechen kann,* ist oft erschreckend.

Aber der Selbsthaß ist nicht etwas, was immer da ist; er wird *erzeugt,* und zwar durch das Gefühl, versagt zu haben und schuldig zu sein. Ist er jedoch einmal entstanden, führen bestimmte Mechanismen dazu, daß er schnell stärker wird und sich ausbreitet. Und diese Mechanismen, über Jahre «eingeübt», werden schließlich zu automatisch ablaufenden Reaktionen, und schon kleinste Fehler können härteste Selbstanklagen auslösen. «Du verdammter Schwachkopf!» beschimpft sich z. B. jemand innerlich selbst, als er merkt, daß er die Autotür mit dem falschen Schlüssel öffnen wollte. Auf Selbsthaß beruhende Selbstkritik kann so automatisch (und unbewußt) ablaufen, daß man sie nicht einmal *wahrnimmt.*

Perfektionismus führt nicht immer in der gleichen Weise zu Selbsthaß. Manchmal fehlt der *Handlungsantrieb,* manchmal nicht. Wer übermäßig hohe Anforderungen an sich stellt und keinen Handlungsantrieb hat, *versucht* nicht einmal, etwas zu tun. Er verwendet häufig seine Zeit und Energie darauf, sich zu kritisieren, weil er bestimmte Dinge nicht tut, über bestimmte Eigenschaften nicht verfügt oder bestimmte Gefühle nicht hat. Angesichts seines Versagens entwickelt er Schuldgefühle und steigert sich langsam in einen Selbsthaß hinein. Die Reihenfolge ist also:

Perfektionismus → Selbstkritik → Schuldgefühle → Selbsthaß

Wer dagegen übermäßig hohe Anforderungen an sich selbst stellt *und* einen Antrieb hat, kämpft aktiv (möglicherweise zwanghaft) um die Einhaltung seiner perfektionistischen Erwartungen. Nach und nach jedoch beginnt er, sich Sorgen zu machen: Ob er seine hochgesteckten Ziele womöglich nicht erreichen wird? (Wie sollte er auch, realistisch betrachtet?) Da das Erreichen absoluter Perfektion *per definitionem* nicht möglich ist, betrachtet er seine Bemühungen bald als unzureichend, beginnt sich als Versager zu fühlen, und am Ende steht der Absturz in den Selbsthaß. Da bei diesem Weg vom Perfektionismus zum Selbsthaß auch ein gewisser Antrieb beteiligt ist, kommen einige zusätzliche Variablen ins Spiel: Anforderungen an sich selbst, Versagensangst und das (vermeintliche) Scheitern. Die Abfolge ist in der Regel die folgende:

Perfektionismus → Anforderungen an sich → Angst zu versagen → wahrgenommenes Versagen → Selbstkritik → Schuldgefühle → Selbsthaß

Depressionsfördernde Persönlichkeitsstile und Reaktionsmuster

Neben den genannten Komponenten tragen verschlimmernd folgende Persönlichkeitsstile oder Reaktionsmuster zu einer Depression bei: Selbstentfremdung, gelernte Hilflosigkeit, Deprivation, Neigung zu Aggressionen sowie negatives Denken und Hoffnungslosigkeit.

Selbstentfremdung

«... der entfernt sich irgendwann so weit von sich selbst, daß er Gefahr läuft, sich ‹verlieren›.»

Manche Menschen verdrängen oder «neutralisieren» ihre schmerzhaftesten Gefühle dadurch, daß sie einen schwarzen Schleier über diese Gefühle legen und sie damit vage und diffus werden lassen. Sie entwickeln eine große emotionale Stumpfheit und Distanz. Aber nicht nur das Verdrängen von Gefühlen führt zu Selbstentfremdung. Auch die Entwicklung eines Interaktionsstils, der vor allem darauf ausgerichtet ist, es anderen recht zu machen *(people-pleaser style)*, kann dazu führen, daß man sich selbst schmerzlich fremd wird. Die übermäßige Berücksichtigung der Erwartungen, Forderungen und Bedürfnisse anderer zieht eine ausgesprochene Außenorientiertheit nach sich und kann schließlich dazu führen, daß man gar nicht mehr das Gefühl hat, man selbst zu sein. Wer ständig meint, es anderen recht machen zu müssen mit dem, was er tut, sagt, fühlt und glaubt, der entfernt sich irgendwann so weit von sich selbst, daß er Gefahr läuft, sich zu «verlieren». Mit der Zeit führt ein solches Verhalten sogar dazu, daß einem die Unterscheidung zwischen dem, was man fühlt, und dem, was man fühlen «soll», immer schwerer fällt, und man nicht mehr weiß, wo die eigenen Bedürfnisse und Probleme enden und die der anderen anfangen.

Häufig kommt es bei derart von sich selbst entfremdeten Menschen zu *Projektionen:* Eigene nicht wahrgenommene oder verdrängte Gefühle werden anderen zugeschrieben. Zu Anfang scheint dieser Mechanismus zu funktionieren, weil der negative Fokus auf andere verschoben wird. Man lädt sozusagen seinen «emotionalen Müll» bei ihnen ab. Aber je mehr man seine Empfindungen verdrängt oder auf andere projiziert, um so stärker werden Gefühle der Selbstentfremdung und inneren Leere. Was als innere Dynamik mit Perfektionismus, Selbstkritik, Schuldgefühlen und Haß beginnt, macht sich nach und nach auch immer mehr in den Beziehungen zu anderen bemerkbar.

Gelernte Hilflosigkeit

«Anscheinend halten manche Menschen der Last ihrer selbstauferlegten Aufgaben und Verpflichtungen irgendwann einfach nicht mehr stand ...»

Die Wurzeln gelernter Hilflosigkeit liegen oft in der Dynamik der frühen Familiensituation. So behindern beispielsweise manche Mütter, Väter oder andere Bezugspersonen die Selbständigkeitsentwicklung des Kindes, um sich selbst überlegen oder gebraucht zu fühlen. Hilflosigkeitserleben kann auch aus der Orientierung an Vorbildern erwachsen, die eine fatalistische Einstellung haben («wir sind alle unserem Schicksal ausgeliefert») oder die so viele Rückschläge und Niederlagen erlitten haben, daß sie das Leben prinzipiell als «Verlustgeschäft» betrachten.

Wer mit der Überzeugung aufwächst, grundsätzlich hilflos zu sein, dem fällt es oft nicht leicht, schwierigen Situationen mit Entschlossenheit, Beharrlichkeit und Zuversicht zu begegnen. Manchmal wird die Hilflosigkeit dadurch noch verstärkt, daß die Betroffenen zu besonders dominanten Menschen Beziehungen knüpfen – z. B. sich verheiraten –, so daß Bedürfnisse nach Autonomie und Selbstbestimmung gar nicht erst aufkommen können. Wenn sich dann durch Trennung, Scheidung oder Tod ihre Lebensumstände verändern, ist der Sturz in Gefühle großer Verwirrung und Hilflosigkeit fast unvermeidbar.

Bisweilen sind Hilflosigkeitsgefühle das Ergebnis der Bewegungslosigkeit, die entsteht, wenn jemand lange Zeit mit übertrieben hohen Erwartungen an sich selbst gekämpft hat und schließlich «die Segel streicht». Anscheinend halten manche Menschen der Last ihrer selbstauferlegten Aufgaben und Verpflichtungen irgendwann einfach nicht mehr stand und werfen die Flinte ins Korn. Dies geht einher mit einer großen Erschöpfung und dem Gefühl, keine Entscheidungen mehr treffen zu können. Diese Hilflosigkeit kann dann Panik erzeugen: Die Betroffenen haben dann nur noch den einen Wunsch, daß jemand anderes sich ihrer annimmt.

Wer ein gutes Gefühl zu sich selbst hat, muß sich nicht von anderen bestätigen lassen, als Mensch in Ordnung zu sein; er kann es sich selbst bestätigen. Wer aber kein gutes Gefühl zu sich hat, der hat von sich selbst auch keine Anerkennung oder positive Zuwendung zu erwarten. Daher muß er sich jemanden suchen, der ihm immer wieder das an Bestätigung gibt, was er sich selbst nicht geben kann. Wer durch ständige Selbstkritik sein Selbstwertgefühl ausgehöhlt hat, ist auf die permanente Zustimmung, Zuwendung und Unterstützung von außen angewiesen.

Deprivationsskript

«Manche Menschen ... finden sich irgendwann mit der Vorstellung ab, daß sie nur sehr wenig von anderen zu erwarten haben.»

Ein großer Teil der Menschen, die zu Depressionen neigen, sind mit sehr wenig Wärme und Unterstützung von seiten ihrer Eltern, Betreuer, Geschwister, Lehrer oder Mitschüler aufgewachsen. Ja, oft sind depressionsanfällige Erwachsene als Kinder regelrecht emotional vernachlässigt worden, waren depriviert. Emotionale Deprivation in der Kindheit bedingt oftmals eine mangelhafte Ich-Entwicklung. Darüber hinaus verhalten sich Menschen, die in ihrer Kindheit keine echte Nähe erlebt – teilweise nicht einmal gesehen – haben, als Erwachsene anderen gegenüber oft sehr distanziert und reserviert, sei es aus Angst oder Unbeholfenheit heraus.

Manche Menschen, die als Kinder emotional vernachlässigt wurden, finden sich irgendwann mit der Vorstellung ab, daß sie nur sehr wenig von anderen zu erwarten haben. Sie sind es gewöhnt, keine Zuwendung zu bekommen, sie erwarten es nicht anders. Die Deprivation ist eine der traurigen Sicherheiten in ihrem Leben. Und schließlich tragen sie sogar selbst dazu bei, diesen Zustand aufrechtzuerhalten – sie finden sich mit ihrem schweren Schicksal und ihrer Einsamkeit ab und gestalten ihr Leben bewußt oder unbewußt so, daß sie auch nicht mehr bekommen, als sie für ihr Gefühl verdienen.

Wer emotional vernachlässigt wurde und sich mit der Vorstellung arrangiert hat, daß dies so bleiben wird, fühlt sich oft so wertlos und verachtenswert, daß er den einzigen Ausweg im Rückzug in die Isolation sieht. Die Vermeidung von Kontakten ist in diesem Fall eine Form von Selbstschutz. Das Ganze wird zu einem

Teufelskreis: Deprimierte und einsame Menschen sind besonders verletzbar und wollen, selbst wenn sie menschliche Nähe mehr brauchen als alles andere, keine Zurückweisung riskieren. Aus diesem Grund halten sie sich von anderen Menschen fern, was zu noch mehr Depression und Isolation führt.

Manche Menschen, die als Kind emotionale Deprivation erlebt haben, neigen auch zum entgegengesetzten Extrem: Aus einem verzweifelten Bedürfnis nach Liebe und Zuwendung heraus fordern sie von anderen mehr, als diese geben können, – und vertreiben sie dadurch geradezu. Auch hier kommt ein Teufelskreis in Gang: Die Mitmenschen gehen auf Distanz, und der als Kind vernachlässigte Mensch bleibt auch als Erwachsener ohne die verzweifelt ersehnte und doch gefürchtete menschliche Nähe.

Häufig tragen Depressive selbst zu ihrer sozialen Isolation bei. Wer lange in einem depressiven Zustand verharrt, stellt die Geduld seiner Freunde, Angehörigen und Kollegen manchmal stark auf die Probe. Wenn jedes Kompliment zurückgewiesen, jeder konstruktive Vorschlag abgelehnt wird, kommt die Zeit, da die anderen nicht einmal mehr versuchen, mit dem Depressiven ins Gespräch zu kommen, geschweige denn ihn aufzumuntern. Viele Menschen scheuen auch vor einem Gegenüber zurück, das verzweifelt oder extrem anklammernd ist, besonders wenn sie Angst haben, auf irgendeine Weise selbst mit in die Tiefe hinabgezogen zu werden.

Emotionale Deprivation kann auf unterschiedliche Weisen aufrechterhalten werden: durch Selbstverleugnung oder Selbstaufopferung; durch ständiges Zurückstellen der eigenen Bedürfnisse zugunsten anderer; durch das Eingehen einer Freundschaft oder Ehe mit jemandem, der kalt und egoistisch ist; durch das Arbeiten gegen die eigenen Interessen; und durch das Aufstellen von Forderungen, die ganz bestimmt nicht erfüllt werden. Und falls solche Menschen dann zufällig doch an jemanden geraten, der ihnen etwas gibt, reagieren sie schnell mit Verwirrung, Unbehagen und Schuldgefühlen. Sie sind davon überzeugt, erst dann glücklich sein zu dürfen, wenn sie sich selbst genügend bestraft oder aufgeopfert haben – oder «wenigstens» perfekt sind.

Aggressionen

«... das Gefühl, sich der Macht anderer ... nur durch einen heftigen Wutausbruch erwehren zu können.»

Eine Neigung zu Überreaktionen und Wutausbrüchen ist eine andere Eigenschaft, die Depressionen sowohl verschlimmern als auch aufrechterhalten kann. Was macht jemanden, der depressiv ist, anfällig für solche aggressiven Ausbrüche? Abhängigkeit und Hilflosigkeit lassen einen sehr dünnhäutig werden; in einer solchen Verfassung ist man äußerst sensibel und leicht durch andere zu verletzen. Wer innerlich Not leidet und nicht das bekommt, was er braucht, reagiert oft äußerst sensibel auf gedankenlose Bemerkungen und abfällige Äußerungen. Und wer mit sich selbst hart ins Gericht geht, neigt oft dazu, schon bei der geringfügigsten Kritik durch andere Menschen – deren unkritische und bedingungslos akzeptierende Unterstützung er so nötig bräuchte – «an die Decke zu gehen». Vielleicht bittet er andere um ihre ehrliche Meinung, aber eigentlich will er sie gar nicht hören, da er selbst schon sein strengster Kritiker ist. Schon die harmloseste Bemerkung löst großen Schmerz in solchen Menschen aus, Schmerz, der sich schnell in Wut verwandeln kann. Ihre Überempfindlichkeit läßt andere wiederum mißtrauisch und vorsichtig werden, was dann bei dem Betroffenen das Gefühl noch verstärkt, abgelehnt und isoliert zu sein.

Wer selbst sehr kritisch mit sich umgeht, geht häufig davon aus, daß auch andere sehr hohe Erwartungen an ihn haben und ihn scharf kritisieren werden. Und wer kein starkes Identitätsgefühl hat, macht sich oftmals sehr abhängig von den Erwartungen anderer. Damit wird er anfällig sowohl für Schuldgefühle als auch für Manipulation von außen. Es baut sich immer mehr Spannung auf: Der Betroffene fühlt sich sehr verletzbar durch seine Mitmenschen und verspürt gleichzeitig starke Aggressionen ihnen gegenüber. Und es kommt häufig das Gefühl auf, manipuliert zu werden, auch wenn es dafür keinen objektiven Anhalt gibt.

«Hilflose» Menschen reagieren häufig aggressiv, wenn sie meinen, daß andere ihnen Schuldgefühle einflößen wollen oder es darauf anlegen, sie zu übervorteilen, auszunutzen oder auf andere Weise «kleinzukriegen». Wer sich für andere aufreibt, sich selbst wertlos fühlt und gleichzeitig seine Mitmenschen auf den Thron hebt, bekommt leicht das Gefühl, sich der Macht anderer über ihn nur durch einen heftigen Wutausbruch erwehren zu können. Manchmal wird die Wut auch unterdrückt und dann innerlich als tiefe Traurigkeit empfunden. Oder sie wird verschoben: Dann kommt es bei einem völlig nichtigen Anlaß zu einem Zornausbruch, was wiederum Gewissensqualen, Schuldgefühle, Depressionen und – natürlich – noch mehr Aggressionen nach sich ziehen kann.

Negatives Denken und Hoffnungslosigkeit

«...sowohl Ursache als auch Folge von Depressionen.»

Zwei weitere Faktoren machen das Bild von der Dynamik der Depression komplett: negatives Denken und Hoffnungslosigkeit. In meiner Arbeit mit depressionsanfälligen Menschen habe ich immer wieder die Feststellung gemacht, daß viele von ihnen früh im Leben mit einem pessimistischen, zynischen und negativen Denken konfrontiert wurden, das ihnen von einem Familienmitglied oder einer anderen Bezugsperson «vorexerziert» wurde.

Wer zermürbt, erschöpft und emotional leer ist, dem fällt es oft schwer, klar zu denken. Verschlimmert sich die Lage weiter, wird sein Denken dazu auch noch immer negativer. Man fühlt sich dumm und wertlos und glaubt, daß es einem nie mehr besser gehen wird und nichts mehr so sein wird, wie man es gern hätte. Das Leben erscheint als eine einzige Enttäuschung und ohne jeden Sinn. Negatives Denken und Hoffnungslosigkeit sind sowohl Ursache als auch Folge von Depressionen. Natürlich vertieft negatives, verzerrtes Denken depressive Gefühle. Zynismus, Pessimismus und die ausschließliche Beschäftigung mit allem, was nicht so ist, wie es sein sollte, lassen die Stimmung auf den Nullpunkt sinken. Kleinere Mißgeschicke werden als Katastrophen wahrgenommen, unbedeutende Probleme als absolut unlösbar, und nicht hundertprozentig positive Situationen werden als Beweis dafür interpretiert, daß man recht damit hat, alles schwarz in schwarz zu sehen. Viele Menschen durchleben lange Zeiten, in denen sie nicht depressiv sind und ihr Denken ziemlich positiv ist. Dann löst eine kritische Situation negatives Denken aus, welches dann über die Überzeugung, die Lage sei schrecklich und ausweglos, zu Depressionen führt.

Das vielleicht schlimmste Gefühl in der Depression – und sowohl an ihrer Entstehung als auch an ihrer Aufrechterhaltung beteiligt – ist wohl die unendlich große Verzweiflung und Hoffnungslosigkeit. Alles wird durch die denkbar schwärzeste Brille gesehen. Wenn der Depressive seine Vergangenheit betrachtet, sieht er nur deren Schattenseiten und empfindet nichts als Bedauern, Schuld, Groll und unerfüllte Sehnsucht. Wendet er den Blick nach vorn in die Zukunft, sieht er ebenfalls nur Negatives und alles erscheint ihm sinnlos und bedrohlich. Und auch die Gegenwart ist in seinen Augen freudlos und düster.

Depressionen scheinen manchmal alles andere im Leben eines Menschen zu überdecken. Selbst wenn depressive Menschen sechs Monate vor Beginn ihrer Depression noch richtig glücklich waren, sind sie in der depressiven Phase der Meinung, sich ihr Glücklichsein nur eingebildet zu haben; sie glauben, sich nur etwas vorgemacht zu haben, der schrecklichen Realität nur ausgewichen zu sein. Nun, wo sie depressiv sind, kommt heraus, wie schlimm doch alles in Wirklichkeit ist.

Die Psychodynamik der Depression, im folgenden schematisch dargestellt, gibt eindeutige Hinweise auf die Faktoren, an denen Strategien zur Depressionsbekämpfung ansetzen müssen.

Schematische Darstellung des Depressionsprozesses:

1. Innere Dynamik der Depression

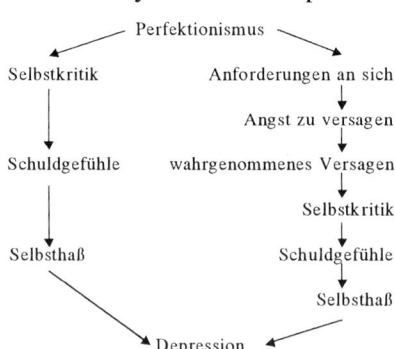

2. Zwischenmenschliche Dynamik der Depression

Eigenschaft		Manifestation
• Selbstkritik • Selbst- ablehnung	⟶	extreme Abhängigkeit von anderen; sehr starkes Bedürfnis nach Bestätigung und Anerkennung durch andere; Hypersensibilität ge- genüber Kritik
• Hoffnungs- losigkeit • Hilflosigkeit	⟶	unersättliches Bedürfnis nach Unterstützung und Bestätigung
• Deprivation	⟶	Angst vor Zurückwei- sung; Verletzbarkeit
• Gefühle der Leere • Außen- orientierung	⟶ Projektion un- realistisch hoher Erwartungen oder Haß ⟶	Furcht und/oder Ärger
• Bedürfnis nach Aner- kennung • Ziellosigkeit	⟶ Empfänglichkeit für die Erwar- tungen und Ma- nipulationen anderer ⟶	Furcht und/oder Ärger

Was kann ich kurzfristig tun?

Die hier vorgestellten kurzfristigen Taktiken dienen dazu, sich so schnell wie möglich aus den Fängen einer Depression zu befreien. Mehr als diese Taktiken brauchen Sie vielleicht gar nicht, wenn Sie nur *gelegentlich* und *kurzzeitig* unter depressiven Verstimmungen leiden. Wenn es Ihnen wieder gut geht, fragen Sie sich vielleicht verwundert, wie es überhaupt so weit kommen konnte. Kann sein, daß Sie nun lange Zeit Ruhe haben. Wenn Sie aber eine Neigung zu Depressionen haben, werden die Faktoren, die Ihre Depression verursacht haben, weiterhin wirksam sein – auch nachdem die akuten Anzeichen der Depression abgeklungen sind. In anderen Worten, Ihr Denken und Ihr Verhalten wird sich vermutlich nicht verändert haben. Wenn Sie sich nun nicht mit Ihren Problemen auseinandersetzen, wartet mit hoher Wahrscheinlichkeit in nicht allzuweit entfernter Zukunft bereits das nächste Stimmungstief auf Sie.

Die hier beschriebenen kurzfristigen Taktiken werden Ihnen nicht helfen, dauerhaft etwas gegen diejenigen Ursachen Ihrer Depressionen zu unternehmen, die in Ihrer Persönlichkeit oder in überdauernden Verhaltensmustern liegen. In der tiefsten Depression fehlt Ihnen ohnehin die Energie, die nötig wäre, um Ihr ganzes Leben umzukrempeln. Ich plädiere nicht dafür, den Problemen grundsätzlich aus dem Weg zu gehen; ich glaube nur, daß es keinen Sinn hat, alles auf einmal zu wollen. Erst einmal brauchen Sie all Ihre Kraft dafür, aus der Depression herauszukommen. Danach dann können Sie mit Hilfe der später beschriebenen längerfristigen Strategien an den grundlegenden Ursachen Ihrer Neigung zu Depressionen und an der Verbesserung Ihrer Beziehungen arbeiten.

Natürlich ist ein Buch wie dieses kein Ersatz für eine Psychotherapie, die Sie brauchen, wenn die Depressionen sich über längere Zeiträume negativ auf Ihre Lebensqualität auswirken. *Wenn Sie immer wieder in Depressionen verfallen oder Ihre Depressionen schwer sind, können Ihnen diese kurzfristigen Techniken nur dabei helfen, die Dinge wieder klar genug zu sehen, um sich angemessene professionelle Hilfe zu suchen.* Nutzen Sie die im folgenden beschriebenen Methoden: Diese werden Ihnen helfen, etwas Kraft zurückzugewinnen und einen klareren Kopf zu bekommen und dann auf dieser Grundlage einige bedeutsame Veränderungen in Ihrem Leben vorzunehmen.

2. Kapitel

Meine Gefühle zulassen und akzeptieren

«Das Problem ist nicht, eine Zeitlang deprimiert zu sein, sondern wie man damit umgeht.»

Niedergeschlagen zu sein ist kein Grund zur Panik. Es kann sogar sehr hilfreich sein, depressive Gefühle zuzulassen. Es steckt viel Weisheit in dem chinesischen Sprichwort: «Wenn der Taifun bläst, sich mit dem Sturm zu biegen.»

Viele Menschen geben nicht gern zu, deprimiert zu sein, weil sie – vor sich selbst und vor anderen – nicht als jemand dastehen wollen, der emotionale Probleme hat. Manche Leute sind geradezu *stolz* darauf, sich auch durch noch so große Belastungen nicht aus der Ruhe bringen zu lassen und weiter ihren Aufgaben und Pflichten nachzukommen. Wer sich selbst nicht akzeptieren kann, der duldet auch keine depressive Stimmung bei sich oder nimmt generell seine Gefühle nicht ernst. Und wer so mit sich und seinen Gefühlen umgeht, den deprimiert sein Deprimiertsein und dem machen seine Ängste Angst.

Sich deprimiert zu fühlen und es sich einzugestehen heißt keinesfalls, ein schlechter oder schwacher Mensch zu sein. Depressive Gefühle können einfach ein Anzeichen dafür sein, daß man mit Sensibilität und einem hochentwickelten Gewissen «gesegnet» ist, daß man sich unrealistisch hohe Maßstäbe setzt und daß man dazu neigt, sich selbst klein zu machen. Oft werde ich von Menschen, die sich in einem seelischen Tief befinden, gefragt: «Kann ich denn ein halbwegs anständiger Mensch sein, wo mein Gefühl mir doch sagt, daß ich ein mieser Versager bin?» Meine Antwort lautet, daß ihr mieses Gefühl eben nur ein *Gefühl* ist und damit keinesfalls gesagt ist, daß sie tatsächlich schlechte Menschen sind.

Oftmals bekommt man eine trübe Stimmung ganz gut in den Griff, sobald man sie sich einmal eingestanden hat – jedenfalls solange man diese Stimmung nicht zum Anlaß nimmt, sich selbst als «nicht ganz dicht» oder «unnormal» abzuqualifizieren. Es ist etwas ganz anderes zu sagen: «Hm, ich bin etwas deprimiert heute ... was könnte ich tun, um da durchzukommen?» als: «Oh nein, nicht schon wieder! Was ist bloß los mit mir? Immer diese miese Stimmung. Ich bin bestimmt nicht ganz normal.» In einem gewissen Rahmen sind Stimmungsschwankungen, emotionale Hochs und Tiefs, positive und negative Gefühle und Energien etwas völlig Normales und Gesundes. Allerdings gibt es in unserer Gesellschaft einen starken Druck, immer «gut drauf» zu sein.

Auch wenn ich hier Taktiken zur Überwindung von Depressionen vorstelle, heißt das nicht, daß es nicht auch Zeiten in unserem Leben geben kann, in denen solche kurzfristigen Maßnahmen wirkungslos sind und wir einfach nicht gegen unsere Niedergeschlagenheit ankommen. In solchen Momenten sollte man sich vielleicht einfach sagen: «Was soll's, ich bin eben mal deprimiert. Und ich habe keine Lust, mir große Mühe zu geben, dagegen anzukämpfen.»

Grundsätzlich ist es ganz in Ordnung, einmal eine Zeitlang Trübsal zu blasen. Wenn Sie niedergeschlagen oder «down» sind – kein Problem, solange Sie sich nicht deswegen mit Selbstvorwürfen quälen oder sich für Ihre Gefühle bestrafen. Es kann sehr hilfreich sein zu akzeptieren, daß es eben gute und schlechte Tage gibt. Das Problem ist nicht, eine Zeitlang deprimiert zu sein, sondern wie man damit umgeht. Wer sich wegen seiner schlechten Laune selbst heruntermacht, kann sicher sein, daß seine negativen Gefühle bleiben und vermutlich noch stärker werden. Wer sich aber von der Vorstellung lösen kann, immer gut drauf sein zu müssen, und hinzunehmen lernt, daß das Leben seine guten und seine schlechten Seiten hat, dessen Stimmungstief wird sich wahrscheinlich nach ein bis zwei Tagen von selbst wieder auflösen. (Und wenn dies bei Ihnen nicht der Fall ist und Sie dazu neigen, sich in Ihr Deprimiertsein zu «verbeißen», finden Sie in den Kapiteln 11 bis 15 Anregungen zur Lösung dieses Problems.)

3. Kapitel

Darauf verzichten, meine Gefühle ständig zu analysieren

«Wenn Sie nicht ziemlich schnell herausfinden, was Ihre depressive Stimmung ausgelöst hat, hören Sie auf, sich darüber den Kopf zu zerbrechen.»

Versuchen Sie, dem Drang zu widerstehen, sich selbst und Ihre Lage zu analysieren, wenn es Ihnen schlecht geht. Seine Depressionen zu analysieren hat etwas Verlockendes, da es relativ wenig Aktivität erfordert; man kann sich *stundenlang* im Bett hin- und herwälzen oder auf seinem Stuhl sitzen, an die Wand starren und sich den Kopf darüber zerbrechen, wo die Ursachen für seine Depressionen liegen könnten. Das Herumstochern in den eigenen Problemen gibt einem möglicherweise das Gefühl, aktiv an der Überwindung der Depression zu arbeiten. Das Gegenteil ist vermutlich der Fall: Die ganze Analysiererei läßt einen nur noch deprimierter und verzweifelter werden. Wenn Menschen depressiv sind, sehen sie ohnehin nur die negativen Seiten ihres Lebens, und vermutlich gehen ihnen unzählige Probleme durch den Kopf, die alle als Ursache ihrer depressiven Verfassung in Frage kommen.

Wenn Sie – wie manche Leute – der Ansicht sind, nur durch «schonungslose Offenheit» aus einer Depression herauszukommen, prophezeie ich Ihnen, daß Sie sehr viel *schonungsloser* als *offen* mit sich selbst umgehen werden. In «offenen und ehrlichen» Selbstanalysen wird meist viel Zeit und Energie darauf verwendet, seine negativen Gefühle unter die Lupe zu nehmen, um herauszufinden, was denn mit einem nicht stimmt. Dabei werden dann alle möglichen Fehler und Unzulänglichkeiten ans Tageslicht gezerrt – und das zu einer Zeit, in der es viel wichtiger wäre, sich seine *positiven* Seiten vor Augen zu halten. Man kommt viel leichter aus einer deprimierten Verfassung heraus, wenn man die «offene und ehrliche» Auseinandersetzung mit sich selbst auf später verschiebt, versucht, sich nicht allzu ernst zu nehmen, fruchtloses Grübeln abstellt ... und keine melancholische Musik hört.

Nehmen Sie sich, wenn Sie deprimiert sind, in acht vor Leuten – auch wenn diese es noch so gut meinen –, die Sie in intensive Gespräche verwickeln wollen, um Ihnen dabei zu helfen, den wahren Grund Ihrer Depressionen herauszufinden. Diese selbsternannten Analytiker – Freunde, Angehörige, Kollegen – fordern Sie vielleicht auf, sich intensiv mit sich auseinanderzusetzen und vielleicht sogar «hart gegen sich selbst» zu sein. Lassen Sie sich bloß nicht darauf ein, sondern bitten Sie Ihre Mitmenschen um direkte, unkritische und positive Unterstützung!

Nachdem ich Ihnen nun davon abgeraten habe, Ihre Depressionen zu analysieren – zumindest, solange Sie noch mitten drinstecken – schränke ich diese Aussage gleich wieder etwas ein: *Ganz am Anfang* einer Depression kann es schon sinnvoll sein, sich einen Moment zu fragen, was denn der Auslöser für den Stimmungsumschwung war (ihn zu *identifizieren,* nicht zu *analysieren!*). Wenn Sie nicht schnell auf die Antwort kommen, vergessen Sie die Frage gleich wieder. Wenn Sie aber instinktiv wissen, welches Ereignis der Auslöser war, wird Ihnen fast sofort eine Antwort einfallen. Eine präzise Quelle seiner trüben Stimmung ausmachen zu können – auch wenn es eine ist, die andere als harmlos abtun würden –, verringert möglicherweise das Gefühl, völlig hilflos und ausgeliefert zu sein. Wenn man einen speziellen Faktor für seine Gefühle verantwortlich machen kann, kommt einem die Depression vielleicht nicht mehr ganz so mysteriös vor. Aber fragen Sie nicht: «*Warum* bin ich depressiv?», sondern: «*Was war der Auslöser* für meine depressive Stimmung?» Vielleicht beschäftigen Sie sich einen Moment damit, was alles passiert ist, kurz bevor die schlechte Stimmung einsetzte. (Gab es möglicherweise eine schlecht Nachricht per Brief oder Telefon, oder sind Sie mit jemandem aneinandergeraten, oder haben Sie sich hintergangen oder manipuliert gefühlt?)

Vergessen Sie nicht: Es geht nur darum, *das spezielle Ereignis auszumachen, welches die schlechte Stimmung herbeigeführt haben könnte*, und nicht etwa um eine umfassende Bestandsaufnahme Ihres Lebens und all Ihrer Probleme. Bei der Suche nach dem «Woher» Ihres Stimmungsumschwungs sollten Sie durchaus auch scheinbar unbedeutende Ereignisse in Betracht ziehen, etwa daß sich jemand gedankenlos Ihnen gegenüber verhalten oder Sie leicht kritisiert hat. Oft zeigt sich, daß der Stimmungsumschwung durch etwas relativ Banales oder anscheinend Unwichtiges ausgelöst worden ist. Schämen Sie sich nicht, wegen einer solchen «Kleinigkeit» depressiv geworden zu sein. Statt dessen sollten Sie sich dazu gratulieren, daß Sie es trotz Ihrer schlechten Verfassung geschafft haben, die Quelle Ihrer trüben Stimmung ausfindig zu machen. Das Feingefühl, das darin zum Ausdruck gekommen ist, kann Ihnen vielleicht dabei helfen, etwas gegen Ihre Neigung zu Depressionen zu tun, indem Sie lernen, eine Reaktion zu identifizieren und «aufzufangen», noch ehe sie sich festsetzt und eine Abwärtsspirale der Gefühle in Gang kommt.

Um es aber noch einmal hervorzuheben: Wenn Sie nicht ziemlich schnell herausfinden, was Ihre depressive Stimmung ausgelöst hat, hören Sie auf, sich darüber den Kopf zu zerbrechen. Sich weiter abzumühen kann alles nur noch schlimmer machen. Es ist wie bei einem Auto, das im Schlamm steckengeblieben ist und dessen Räder durchdrehen – je mehr Gas der Fahrer gibt, um so tiefer sinkt er ein.

Oft wird einem der Auslöser einer Depression erst richtig klar, wenn das Schlimmste bereits überstanden ist. Zum Glück brauchen Sie keineswegs genau zu wissen, was Sie in eine Depression hineingebracht hat, um gegen sie anzugehen. Erst wenn man das Tief überwunden hat, ist es angebracht, sich mit seinem Leben auseinanderzusetzen. Dann ist die Ausgangslage günstiger, um zu überlegen, was einem im Leben fehlt, und sich mit seinen Beziehungen, beruflichen Optionen, Wertvorstellungen und seiner finanziellen Situation auseinanderzusetzen. Auf diese Weise können Sie herausfinden, ob es unerfüllte Bedürfnisse gibt, ob Sie ungelöste Probleme haben oder ob es nötig ist, Lebensstil, Pläne und Prioritäten zu klären bzw. zu modifizieren. Die Auseinandersetzung mit diesen Fragen kann, wenn sie zur rechten Zeit erfolgt, auch dazu beitragen, solche Schwierigkeiten aus dem Weg zu räumen, die Depressionen auslösen oder verschlimmern.

4. Kapitel

Gegen meine Passivität und meine Gefühle der Hilflosigkeit angehen

«Langsam vorwärtszukommen ist besser, als gar nicht vorwärtszukommen.»

Wer sich mit Ängsten und Sorgen herumquält, ist meist unruhig und nervös, will aktiv werden und etwas – *irgend* etwas – unternehmen, um die inneren Spannungen loszuwerden. In der Depression ist es allerdings nicht ganz leicht, sich zu irgendwelchen Handlungen aufzuraffen. Oftmals ist das Gefühl der Hilflosigkeit so groß, daß man jede Hoffnung verliert und in einen Zustand völliger Passivität versinkt. Und da Menschen, die zu Depressionen neigen, auch häufig mit Schuldgefühlen zu kämpfen haben, ist es sogar denkbar, daß sie unbewußt leiden *wollen* und deshalb ihre Depression aufrechterhalten.

Hoffnungslosigkeit, Hilflosigkeit und Passivität stellen große Hemmnisse für Veränderungen dar, und oftmals scheinen diese Gefühle während einer Depression an Stärke zuzunehmen. Jemand, der sowieso immer alles schwarz in schwarz malt, findet während einer Depression noch mehr Negatives; wer auch ansonsten zu inkonsequentem Verhalten neigt, der ist auch inkonsequent in seinem Bemühen, sich durch eine Depression hindurchzuarbeiten; und passive Menschen machen vermutlich nur halbherzige Versuche zur Umsetzung von Taktiken zur Bekämpfung ihrer Depression. Es ist sinnvoll, sich klarzumachen, daß es sich bei der der erlebten Hilflosigkeit, die so typisch für die Depression ist, wohl um gelerntes Verhalten handelt.

Fast immer lohnt es sich, irgend etwas zu tun, um gegen das Gefühl, völlig hilflos zu sein, anzugehen. Hilflosigkeit und Passivität nehmen ab, wenn man am eigenen Leib erfährt, daß man doch etwas Kontrolle über sein Leben hat und daß man es schaffen kann, auf seine Gefühle Einfluß zu nehmen. Man braucht mehr Energie, ein Auto aus dem Stand auf Tempo 100 zu beschleunigen, als diese Geschwindigkeit aufrechtzuerhalten, wenn man sie erst einmal erreicht hat; ebenso ist es leichter, aktiv zu *bleiben*, wenn man erst einmal aktiv geworden *ist*. Langsam vorwärtszukommen ist besser, als gar nicht vorwärtszukommen.

Geben Sie den Kampf nicht auf. Ignorieren Sie die nagende Stimme in Ihrem Inneren, die sagt: «Das hat doch alles keinen Zweck.» Wenn Sie gar nichts tun, werden Sie sich mit der Zeit immer hilfloser fühlen und immer mehr meinen, die Situation sei ausweglos. Wenn Sie sich keine Mühe geben, haben Sie auch keine Erfolgserlebnisse und kommen keinen Schritt vorwärts. Sich zu zwingen, jeden Tag ein paar Dinge zu tun, wird Ihnen Befriedigung verschaffen, und sei es nur ein kleines bißchen. Vielleicht finden Sie sogar eine Aktivität, die Sie für eine Weile etwas aufheitert. Es stimmt nicht, daß man erst «ganz unten ankommen» muß, ehe man wieder aus einer Depression herausfinden kann.

Eine depressive Phase geht oft mit einer drastischen Einschränkung von Aktivitäten, einer Verlangsamung des Lebenstempos und einer Einengung von Interessen und Zielen einher. In der Folge erlebt man auch immer weniger, und es machen sich Stumpfsinn und Langeweile breit. Zweifelsohne ein Teufelskreis. Wenn Sie erst dann wieder etwas unternehmen wollen, wenn Ihr Antrieb zurückgekehrt ist, bedenken Sie, daß «fitte» Menschen ihre Aufgaben auch nicht so lange aufschieben, bis sie in der richtigen Stimmung sind oder Lust dazu haben.

«Fitte» Menschen glauben nicht, daß sie besonders *motiviert* sein müssen, um mit einer Arbeit zu beginnen. Echte Motivation *folgt* eher auf Aktivität, anstatt ihr vorauszugehen. Aktiv zu sein weckt Interesse an mehr Aktivität und setzt damit eine positive Dynamik in Gang. So richtig erwärmen wir uns erst für eine Aktivität, wenn wir aufhören, darüber zu reden, und zur Tat selbst schreiten. Denken Sie einmal darüber nach, wie es bei Ihnen selbst aussieht. Erscheint eine Aufgabe nicht oft viel interessanter und überschaubarer, wenn man bereits daran arbeitet – als wenn man noch hin- und herüberlegt, ob man in der Stimmung ist und genügend Energie hat, überhaupt mit der Sache anzufangen? Sich die Mühe zu machen, jeden Tag ein paar kleine Aufgaben in Angriff zu nehmen, kann Wunder wirken und Ihnen neuen Mut machen. Es ist das beste Gegenmittel gegen das typisch depressive Gefühl, nichts zustande zu bringen und völlig zu «verkommen».

5. Kapitel

Ein bißchen nett zu mir selber sein

«... sich selbst ebenso verständnis- und rücksichtsvoll zu behandeln wie einen guten Freund.»

Wieviel Energie braucht es, um eine Depression *aufrechtzuerhalten*? Dieser Gedanke ist hilfreich bei der *Überwindung* einer Depression. Aber *wodurch* erhalten Menschen ihre Depressionen aufrecht? Und *warum* tun sie das?

Menschen tragen vor allem dadurch zur Aufrechterhaltung ihrer Depression bei, daß sie sich immer wieder sagen, wie unzulänglich und nutzlos sie sind. Vielleicht sind Sie gerade jetzt dabei, sich selbst herunterzuputzen und sich zu sagen, was zu tun ist und was nicht – oder was zu tun *gewesen wäre* und was nicht. Sie werfen sich selbst vor, ein Versager zu sein und sich niemals zu ändern, außerdem verlangen Sie wahrscheinlich viel zuviel von sich. Und vielleicht verpulvern Sie auch Ihre Energie damit, daß Sie sich selbst bedauern, mit Ihrer Vergangenheit hadern oder Beweise dafür sammeln, von anderen ungerecht behandelt zu werden.

Viele Menschen schaffen es, sich aus einer relativ milden Niedergeschlagenheit in einen Zustand absoluter Verzweiflung und schwerer Depression zu bringen, indem sie in einer «schwarzen Kiste» voller negativer Gefühle kramen. Dies passiert am häufigsten, wenn man Depressionen analysiert, um herauszufinden, wo deren Ursachen liegen. Jeder hat seine persönliche «schwarze Kiste» mit unerfreulichen Ereignissen, Kindheitstraumata, Ungerechtigkeiten, Mißerfolgen, Scham- und Schuldgefühlen, Aggressionen, Sehnsüchten und unerfüllten Bedürfnissen. Hat man erst einmal richtig

46

mit dem Kramen angefangen, findet sich ein schauriger «Schatz» nach dem anderen. Und so reicht eine kleine Verstimmung aus, genügend «Gefühlsmüll» aus Vergangenheit und Gegenwart ans Tageslicht zu zerren, um eine ausgewachsene Depression zu erzeugen. In solchen Fällen läßt sich das, was die Depression *ausgelöst* hat, klar von dem unterscheiden, was sie *aufrechterhält*. Manchmal empfinden es Menschen in dieser Situation als hilfreich, sich diese «schwarze Kiste» bildhaft vorzustellen und sich auszumalen, wie sie ihre Hände aus dieser düsteren Sammlung negativer Gedanken und Gefühle herausnehmen, den Deckel zumachen und die Kiste fest verschließen. Sie brauchen das ganze Zeug, das Sie nur noch weiter herunterzieht, nicht mehr, also: Weg damit!

Anstatt in der schwarzen Kiste zu graben, sollten Sie folgendes tun, wenn Sie depressiv sind: *Hören Sie auf, so kritisch zu sich selbst zu sein und sich noch dafür zu bestrafen, daß Sie deprimiert sind. Die Depression ist doch schon Strafe genug!* Immer wenn Sie merken, daß Sie sich wieder in Selbstvorwürfen ergehen, stellen Sie sich die folgenden Fragen: «Könnte ich jemals so hart und unerbittlich zu einem Freund sein?» «Würde ich jemals bewußt dazu beitragen, daß sich ein Freund schuldig, deprimiert, wertlos oder einfach mies fühlt?» «Wenn sich ein Freund durch mich verletzt fühlte, würde ich dann noch hingehen und sagen, er hätte kein Recht, in Selbstmitleid zu versinken?» An dieser Stelle merken Sie schon, wie grausam und erbarmungslos Sie mit sich selbst umgehen. Ich kann mir vorstellen, daß Sie entsetzt wären, wenn Sie sich dabei ertappten, nur halb so streng zu anderen zu sein, wie Sie zu sich selbst sind. Und ist es nicht erschreckend zu sehen, wie hart Sie erst mit sich ins Gericht gehen und sich dann, anstatt sich zu trösten und wieder moralisch aufzubauen, auch noch vorwerfen, ein «Jammerlappen» zu sein. Menschen, die depressiv sind, brauchen die eigene Geduld und das eigene Wohlwollen ebenso wie die Geduld und das Wohlwollen anderer; statt dessen neigen sie dazu, heftig auf sich herumzutrampeln, als ginge es ihnen nicht schon schlecht genug.

Sie kennen sich selbst besser als jeder andere, stimmt's? Wenn Sie völlig offen und ehrlich zu sich sind, all ihre wunden Punkte und Schwächen bloßlegen, entspricht das dem, was in einer sehr engen Beziehung zu einem anderen Menschen geschieht. Wollen Sie das Vertrauen, das sich in dieser «Beziehung mit sich selbst» entwickelt, bewußt zerstören, indem Sie sich selbst vor den Kopf stoßen? Viele Menschen, die zu Depressionen neigen, tun genau das. Dabei hätten sie guten Grund, sich selbst ebenso verständnis- und rücksichtsvoll zu behandeln wie einen guten Freund.

Seien Sie ein bißchen nett zu sich, auch wenn es Ihnen zu Anfang schwerfällt. Mitgefühl, liebevolle Anteilnahme, entwickelt sich fast automatisch, wenn man versucht, die Probleme und Verletzungen anderer zu verstehen und sich klarzumachen, daß sie eigentlich auch das Recht auf ein bißchen Glück hätten. Lassen Sie sich selbst auch ein bißchen Mitgefühl zukommen! *Und verwechseln Sie Mitgefühl nicht mit Mitleid* – dem «psychologischen Knüppel», mit dem sich depressionsanfällige Menschen oftmals den letzten Rest an Selbstachtung nehmen. Selbstmitleid heißt, sich Salz in die Wunden zu streuen, damit bloß der Schmerz nicht nachläßt! Wo liegt der Unterschied zwischen *Mitgefühl mit sich selbst* und *Selbstmitleid?* Ausschlaggebend für diese Unterscheidung ist nicht so sehr, was man *fühlt,* sondern eher, was man *tut.* Selbstmitleid zeigt sich häufig an den folgenden Verhaltensweisen:

- Bemühungen anderer, einen zu unterstützen und aufzumuntern, werden zurückgewiesen,

- Gelegenheiten etwas zu tun, was einem gut tun könnte, werden nicht genutzt,

- vernünftige Ratschläge werden mit «Ja, aber ...» beantwortet,

- es werden Gründe dafür gesucht, warum sowieso nichts funktionieren kann,

- es wird nichts getan, um aus der Depression herauszufinden.

Mitgefühl mit sich selbst kann viel zur Milderung von Depressionen beitragen. Im Gegensatz dazu bewirkt Selbstmitleid, daß man sich noch mehr gehen läßt und noch tiefer in der Depression versinkt. Wenn Sie mit sich selbst mitfühlen, werden auch andere Ihnen mehr Unterstützung zukommen lassen. Selbstmitleid dagegen hält Ihre Mitmenschen eher davon ab, Anteilnahme zu zeigen und Hilfe anzubieten. Letztendlich führt Selbstmitleid dazu, daß man noch einsamer und deprimierter wird.

Ohne Mitgefühl mit sich selbst, neigt man viel eher dazu, sich selbst immer wieder zu bestrafen. Und wegen der massiven Schuldgefühle ist es manchmal fast unmöglich, mit dieser Selbstbestrafung aufzuhören. Man verspricht sich vielleicht sogar etwas davon, sich selbst weh zu tun – meint beispielsweise, stolz darauf sein zu können, Qualen so tapfer zu ertragen, oder dadurch stärker und belastbarer zu werden. Es gibt sogar die Vorstellung, im Leiden mit tieferen Ebenen seines Ichs in Berührung zu kommen und dadurch interessanter, offener für andere und lebendiger zu werden. Da aber Selbstbestrafung naturgemäß unproduktiv und oft auch maßlos und grausam ist, hat sie nur sehr selten irgendwelche positiven Auswirkungen. Statt dessen verschlimmert sie Angst, Erschöpfung und Mutlosigkeit und läßt einen noch anfälliger für Schuldgefühle und Depressionen werden.

Manchmal bestrafen sich Menschen schon, noch ehe sie überhaupt versagt haben. Bei genauerem Hinsehen zeigt sich, daß eine Art magisches Denken dahintersteckt. Man will den Selbsthaß beschwichtigen und die unbarmherzige Strafe abwehren, die später kommen könnte, wenn sich zeigt, daß man «mal wieder auf ganzer Linie versagt» hat. Vielleicht meint man auch, daß sich andere Leute – oder Gott – nachsichtiger zeigen werden, wenn man sich nur selbst hart genug bestraft. Und dadurch, daß man sich selbst herunterputzt, noch ehe jemand anderes die Gelegenheit dazu hat, behält man immerhin auch ein gewisses Maß an Kontrolle über die Situation.

Übung Wenn Sie sich schon seit Jahren immer wieder selbst bestrafen, halten Sie es möglicherweise für kaum machbar, von heute auf morgen damit aufzuhören und müssen sich zunächst Zwischenziele setzen. Wenn Sie merken, daß Sie noch nicht ohne ein gewisses Maß an Selbstbestrafung auskommen, stellen Sie sich die Frage: «Wie lange genau muß ich mich mindestens selbst bestrafen?» Dann legen Sie fest, wie lange Sie im konkreten Fall für eine bestimmte Sache büßen müssen. Und diese festgelegte Zeit halten Sie dann genau ein. Wenn Sie beispielsweise meinen, Sie müßten sich zwei

Tage lang Vorhaltungen machen, tun Sie das ... *und dann Schluß damit!* Mir ist klar, daß Ihnen diese Übung ziemlich verrückt vorkommen muß, aber es lohnt sich, sich darauf einzulassen, wenn Sie nicht anders von der Gewohnheit loskommen, sich selbst zu bestrafen. Drei positive Effekte sind von der Übung zu erwarten: Erstens: Sie geben sich die Erlaubnis, etwas zu tun, was Sie ohnehin getan hätten. Zweitens: Sie setzen sich ein festes Zeitlimit für die Selbstbestrafung. Und dadurch erleben Sie drittens, daß Sie ein gewisses Maß an Kontrolle über Ihre Selbstbestrafung haben; diese Erkenntnis unterstreicht die Absurdität des «Bedürfnisses», sich selbst zu bestrafen, und stärkt das Gefühl, daß man es schaffen *kann*, diese unproduktive und schädliche Gewohnheit aufzugeben.

Es stimmt zwar, daß Menschen an Schwierigkeiten und Krisen wachsen können. Aber Selbstbestrafung führt bloß zur Verfestigung eines von Schuldgefühlen und Depressionen geprägten Lebensgefühls. Selbstauferlegte Strafen und Qualen machen aus niemandem einen besseren Menschen; sie verstärken nur destruktive Gewohnheiten. Wenn Sie sich selbst peinigen wegen etwas, worauf Sie gar keinen Einfluß haben, schwächen Sie nur Ihre inneren Ressourcen und untergraben Ihr Selbstwertgefühl. Kommt es dann zu einer echten Krise, sind Sie möglicherweise zu erschöpft, um einigermaßen angemessen reagieren zu können, geschweige denn die Situation in den Griff zu bekommen.

Es überrascht vielleicht, daß Menschen, die zu Depressionen neigen, oft mit unerwarteten, größeren Krisen ganz gut umgehen können, vorausgesetzt, sie sind nicht schon zu geschwächt durch die eigenen Attacken gegen sich selbst. Manche depressionsanfällige Menschen fühlen sich geradezu *erleichtert*, wenn sie es mit einem «echten» Problem zu tun bekommen, das es zu lösen gilt. Dies resultiert zum Teil daraus, daß sie dann eine Zeitlang Ruhe vor der schmerzhaften Selbstbestrafung haben und von sich selbst abgelenkt werden. Und die Konfrontation mit einer Krise und die damit verbunden Bemühungen zur Lösung des Problems lassen sie – wenn auch nur kurz – erkennen, daß sie über ungeahnte Fähigkeiten im Umgang mit der Außenwelt und dem eigenen Innenleben verfügen. Wenn sich also, anders ausgedrückt, depressive Menschen einer

Notlage gegenübersehen, haben sie einfach nicht die Zeit und die Energie, sich mit Problemen zu beschäftigen, die so nur in ihrem Kopf bestehen.

6. Kapitel

Sind meine Schuldgefühle wirklich berechtigt?

«Bei fast jeder Depression spielen Schuldgefühle eine zentrale Rolle.»

Warum bestrafen sich Menschen selbst? Oft sind Schuldgefühle der Grund. Manche Menschen fühlen sich wegen einiger Dinge schuldig, manche wegen vieler Dinge – und manche fühlen sich schon dafür schuldig, überhaupt auf der Welt zu sein. Bei fast jeder Depression spielen Schuldgefühle eine zentrale Rolle. Und die Wurzeln dieser Schuldgefühle liegen oft in einer tiefempfundenen Scham.

Manche Menschen betrachten Schuldgefühle als Mittel zur Selbstdisziplinierung, ohne das sie einer zügellosen Vergnügungssucht anheimfallen oder Sklaven unbeherrschbarer Impulse werden könnten. Andere glauben, daß sie, wenn sie sich selbst so akzeptierten, wie sie sind (ohne Selbstkritik und Schuldgefühle), selbstgefällig würden und die Fähigkeit verlören, nach Veränderungen zu streben. In gewissem Maß teilen viele von uns vermutlich die Auffassung, daß Schuldgefühle eine wichtige Funktion für den einzelnen und die Gesellschaft als Ganzes erfüllen. Dahinter steht die alte Vorstellung, daß man Menschen Schuldgefühle einflößen muß, um ihnen «Anstand» und «gesittetes Benehmen» beizubringen. Manche Menschen glauben, daß Schuldgefühle uns von unmoralischem oder unsozialem Tun abhalten und somit der charakterlichen Entwicklung förderlich seien. Dies ist sicher so nicht richtig.

Schuldgefühle entstehen als Folge der Erkenntnis oder des Gefühls, eigenen oder fremden Erwartungen nicht gerecht geworden zu sein. Eine besonders große Rolle spielen sie bei Menschen, in deren Köpfen schon früh im Leben ein Zusammenhang zwischen Schuld und Konkurrenzdenken oder Erfolgsstreben entstanden ist. Aber was sind Schuldgefühle wirklich? Schuldgefühle entstehen aus dem Gefühl heraus, etwas «Falsches» getan oder etwas «Richtiges» unterlassen zu haben – so wie dies von Menschen, die uns wichtig sind, oder von der Gesellschaft als Ganzes erwartet wird. Dieses System von Ge- und Verboten, das tief in unserem Gewissen verankert ist, geht auf frühe Einflüsse zurück: Familie, Schule, Kirche und Gleichaltrige sind an seiner Entwicklung beteiligt. Die gelernten «Regeln» sind ein Gemisch aus persönlichen Meinungen, religiösen und moralischen Überzeugungen, Sorgen darüber, was andere von uns denken, sowie ein paar praktischen und logischen Verhaltensleitlinien.

Da wir schon in frühester Kindheit mit vielen dieser Regeln in Berührung kommen, sind ein Teil von ihnen vorsprachlicher Natur, d. h. sie wurden uns beigebracht, noch bevor wir sprechen konnten. In diesem Entwicklungsstadium sind gedankliche Prozesse einfach, konkret, direkt und subjektiv. Waren unsere Eltern oder andere Bezugspersonen streng, jedoch gleichzeitig wenig genau in den Erwartungen, die sie uns vermittelten, sind die Erwartungen, die wir als Erwachsene an uns haben, oft sehr unklar und allumfassend – und daher nicht zu erfüllen. Darüber hinaus neigen sehr kleine Kinder dazu, in absoluten Kategorien zu denken, und sind unfähig, zwischen wirklich Wichtigem und Unwichtigem zu unterscheiden. Daher haben wir, selbst wenn unsere Eltern eigentlich gar nicht so hart zu uns sein wollten, ihre Forderungen und Erwartungen oft auf die Spitze getrieben und sind eisern und unerbittlich zu uns selbst geworden. Aus diesem Grund kann es schwer für uns sein, bedeutsame innere Forderungen von weniger bedeutsamen zu unterscheiden, und wir schenken Nebensächlichkeiten die gleiche Beachtung wie zentralen Fragen unseres Lebens.

Bei den meisten Dingen, derentwegen wir uns schuldig fühlen, handelt es sich nicht um moralische Verfehlungen. Vielmehr entstehen die meisten Schuldgefühle als Folge von – tatsächlichen oder vermeintlichen – *Verstößen gegen Meinungen und Einstellungen von Autoritätspersonen, Meinungen und Einstellungen, die bestärkt werden durch die Vorurteile von Gleichaltrigen oder sogar nur flüchtigen Bekannten.* Rein verstandesmäßig sind wir diesen Einflüssen im Laufe der Zeit möglicherweise entwachsen. Emotional haben diese verinnerlichten Erwartungen und Forderungen allerdings noch eine große Wirkung auf uns und machen uns einfach nur durch ihre Existenz Schuldgefühle. Aber es kommt, wie die meisten Menschen wissen, ja nicht selten vor, daß Gefühl und Verstand im Widerstreit miteinander liegen.

Die früh von uns aufgenommenen und verinnerlichten Botschaften sind, wenn man sie etwas genauer betrachtet, in sich nicht ohne Widerspruch. Und unser westliches Leistungsdenken macht die Dinge nicht gerade einfacher: Wie können wir im Elternhaus lieb und artig sein und gleichzeitig lernen, uns auf dem Schulhof und später im Arbeitsleben zu behaupten? Und kann überhaupt jemand großen Erfolg im Geschäftsleben haben und gleichzeitig so selbstlos und bescheiden sein, wie es manche christlichen Gebote von uns verlangen? In unseren Köpfen herrscht große Unsicherheit über das, was man uns beigebracht hat, darüber, wo Schuldgefühle am Platz sind und wo nicht. Deshalb, so scheint es, entscheiden sich viele Menschen dafür, «auf Nummer Sicher zu gehen» und *wegen allem* Schuldgefühle zu haben.

Die meisten Schuldgefühle, unter denen depressive Menschen zu leiden haben, sind die Folge einer starken Neigung zu Selbstkritik, eines überzogenen Verantwortungsbewußtseins und einer Überempfindlichkeit gegenüber Widerspruch und Ablehnung. Auf diese Schuldgefühle folgen meist Selbstvorwürfe.

Wenn Sie das nächste Mal an depressiven Verstimmungen leiden, sollten Sie einmal folgendes versuchen: Geben Sie sich selbst das Versprechen, für eine bestimmte Zeit keinerlei Schuldgefühle zuzulassen. Fangen Sie ruhig klein an, mit ein oder zwei «schuldgefühlfreien» Stunden. Dann können Sie die Zeit jeden Tag ein bißchen steigern, um einen immer stärkeren Widerstand gegen die Schuldgefühle aufzubauen. Anfangs werden Sie sich bei diesem Vorgehen wahrscheinlich etwas unwohl und orientierungslos fühlen. Da Sie sich bereits so lange von Schuldgefühlen beherrschen lassen, betrachten Sie sie vielleicht schon als festen Bestandteil Ihrer Identität. *Das sind sie aber nicht.*

54

Wenn diese «automatischen Schuldgefühle» aufkommen, fangen Sie wahrscheinlich sofort gewohnheitsmäßig an, sich selbst Vorwürfe zu machen. Manche Menschen (die mit einem staatlich anerkannten Diplom als Selbstbeschuldiger) haben diese «Kunst» so weit perfektioniert, daß sie keine Entschuldigung gelten lassen. Alles unterliegt prinzipiell ihrer Kontrolle; Veranlagung, Chemie, unerwartete Ereignisse, Zufälle oder Glück – das alles spielt für sie keine Rolle. Und wenn man sich für alles und jedes verantwortlich fühlt, entsteht fast automatisch das Gefühl, Schuld zu haben an *allem, was irgendwo* auf der Welt schiefgeht.

Wenn Sie deprimiert sind, neigen Sie dazu, über vergangenes und gegenwärtiges Ungemach nachzugrübeln, sich selbst die Schuld dafür in die Schuhe zu schieben und zu meinen, sich bestrafen zu müssen. Dadurch werden sie noch deprimierter. Aber die Strafen, die sie sich selbst auferlegen, bringen ihre Schuldgefühle nicht zum Verschwinden, sondern lassen sie noch stärker werden: ein Teufelskreis. Dieser kann eine solche Eigendynamik entwickeln, daß er schließlich völlig «automatisch» abläuft, ohne jegliche bewußte Kontrolle. Aufrechterhalten durch eine konsequente emotionale Logik, wird er zu einem in sich geschlossenen, sich selbst verstärkenden System, das etwa folgendermaßen aussieht:

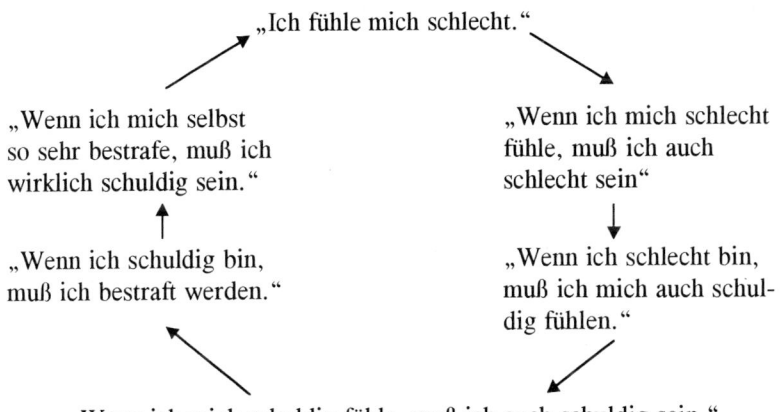

"Ich fühle mich schlecht."

"Wenn ich mich selbst so sehr bestrafe, muß ich wirklich schuldig sein."

"Wenn ich mich schlecht fühle, muß ich auch schlecht sein"

"Wenn ich schuldig bin, muß ich bestraft werden."

"Wenn ich schlecht bin, muß ich mich auch schuldig fühlen."

"Wenn ich mich schuldig fühle, muß ich auch schuldig sein."

Auf zum Russischen Roulette! Paradoxerweise neigt man dazu, seine Maßstäbe um so weiter heraufzusetzen, je schlechter man sich fühlt. Und je weniger man es schafft, diesen Maßstäben gerecht zu werden, um so stärker wird das Gefühl, ein Versager zu sein. Es kommt zu noch mehr Schuldgefühlen und Selbstanklagen, und man meint, sich noch härter bestrafen zu müssen. Dabei gibt es eine Sache, die man leicht übersieht, über die man sich aber einmal Gedanken machen sollte: Wenn Sie ständig Schuldgefühle haben, vernebeln Sie das, wofür Sie tatsächlich Verantwortung haben, da Sie sich ja *alles Mögliche* zum Vorwurf machen. Wer ehrlich zu sich selbst ist, der muß zugeben, daß ständige Selbstbeschuldigungen zumindest in zweierlei Hinsicht fragwürdig sind:

1. Zu glauben, man sei wirklich für alles verantwortlich, kommt einer starken Selbstüberschätzung gleich und ist damit sowohl überheblich als auch inkonsequent, da doch gerade depressive Menschen sich und ihren Wert ständig in Frage stellen.

2. Wer sich selbst die Schuld an allem gibt, der verliert zunehmend seine *wirkliche* Verantwortung aus dem Blick. Anders ausgedrückt heißt das: Sich selbst unter Schuldgefühlen zu begraben kann dazu führen, daß man tatsächlich begangene Fehler nicht bemerkt und damit Möglichkeiten verliert, neue Einsichten zu gewinnen und sich weiterzuentwickeln. Wer sich ständig und generell schuldig fühlt, kann kaum noch zwischen Unschuld, Pech, kleinen Patzern und wirklich problematischen Fehlern unterscheiden. Natürlich machen wir uns bisweilen schuldig und haben dann allen Grund, unsere Tat zu bereuen und uns ernsthaft um Besserung zu bemühen. Wenn wir uns aber wahllos wegen aller möglichen Dinge Vorwürfe machen, klammern wir womöglich gerade diejenigen aus unserem Bewußtsein aus, mit denen wir uns eigentlich beschäftigen sollten.

Es ist hilfreich, sich klarzumachen, daß Selbstvorwürfe in der Regel subjektiv und einseitig sind. Wahrscheinlich geben Sie sich schnell die Schuld für etwas, das schiefgeht. *Aber geben Sie sich auch einmal die «Schuld» für etwas, das gut läuft,* d. h. halten es sich zugute? Ist man in einer Verfassung, in der man sich ständig Vorwürfe macht, läßt man sich auch sehr leicht von anderen Schuld in die Schuhe schieben. Man packt sie einfach auf seinen Stapel mit drauf. Menschen, die zu Selbstvorwürfen neigen, sind ein willkommenes Opfer für Leute, die nur allzugern die eigene Schuld auf jemand anderen abwälzen, jemand, der sie anscheinend nur zu gerne auf sich lädt.

Aber ständige Schuldgefühle schlagen auf die Stimmung, rauben Energie und nagen am Selbstbewußtsein. *Oft wird so viel Energie darauf verwendet, mit Schuldgefühlen klarzukommen, daß nicht genug für positive Veränderungen bleibt.* Schuldgefühle können auch zu der Überzeugung führen, man *verdiene es gar nicht*, ein besserer Mensch zu werden. Und wer das glaubt, der wird irgendwann selbst zu seinem ärgsten Feind und macht sich selbst alles kaputt.

Das Fazit lautet: Schuld ist im Grunde ein ziemlich nutzloses Gefühl! Selbst *wenn* Sie an etwas schuld sind, hilft es Ihnen wahrscheinlich überhaupt nicht weiter, sich deswegen ständig Vorhaltungen zu machen. Wer ein gutes Gefühl zu sich hat, ist viel eher in der Lage, anderen mit spontaner Freundlichkeit, Sensibilität und Akzeptanz zu begegnen, als jemand, der übermäßig selbstkritisch und von Schuldgefühlen geplagt ist. Nicht selten sind Menschen gerade deshalb unausstehlich, egoistisch, rücksichtslos und schwach, weil sie ein so schlechtes Gefühl zu sich selbst haben.

Bisweilen dienen Schuldgefühle auch als Entschuldigung für ausbleibende Veränderungen. Das schlechte Gewissen wird mit gedanklichen Strategien beruhigt wie: *Wahrscheinlich werde ich mich nicht verändern, aber immerhin habe ich ein schrecklich schlechtes Gewissen. Wirklich* dreist wäre es doch nur, etwas Falsches zu tun und *keine* Schuldgefühle zu bekommen. Paradoxerweise fällt es uns aber im allgemeinen schwerer, ein falsches Verhalten fortzusetzen oder zu wiederholen, wenn wir uns *nicht* erlauben, uns wegen dieses Verhaltens in Schuldgefühlen zu ergehen.

Die Neigung zu Schuldgefühlen hat auch starke Auswirkungen im zwischenmenschlichen Bereich. Wer anfällig für Schuldgefühle ist, legt häufig sehr viel Wert auf den Eindruck, den er auf andere macht, und wird deshalb leicht Opfer von Manipulationen. Manche von uns haben einen riesigen «Schuldauslöseknopf», durch den sie ständig der Gefahr ausgesetzt sind, sich Schuldgefühle einflößen zu lassen. Wenn diese Schuldgefühle dann stärker werden, sind sie manchmal so unerträglich, daß diese Menschen dann anderen die Schuld zuschieben oder es ihnen übelnehmen, ihnen ein schlechtes Gewissen «gemacht» zu haben. In Wirklichkeit hat niemand die Macht, einem anderen ein schlechtes Gewissen zu «machen». Schuldgefühle bekommt immer nur der, der bereit ist, sich «den Schuh anzuziehen».

Da Schuldgefühle und Aggressionen zwei Seiten einer Medaille sind, steht das Ausmaß an Schuldgefühlen oft in direktem Verhältnis zu dem der Aggression. Ins Unerträgliche gesteigerte Schuldgefühle können jederzeit in Wut und Ärger umschlagen. Wenn Sie etwas gegen Ihre Aggressionen tun möchten, sollten Sie nicht an diesen selbst ansetzen, sondern an Ihren Schuldgefühlen arbeiten. Ein Abbau von Schuldgefühlen läßt auch das Ausmaß an Aggressionen zurückgehen. Wenn Sie frei flottierende Schuldgefühle identifizieren, bearbeiten und überwinden, sind Sie den Manipulationsversuchen anderer nicht mehr so schutzlos ausgeliefert. Für mich ist es beispielsweise sehr befriedigend, mit anzusehen, wie eine Frau, die jahrelang unter Schuldgefühlen litt und auf subtile Weise von ihrem Ehemann kontrolliert und manipuliert wurde, sowohl ihre Schuldgefühle als auch das damit verbundene Verhalten überwindet. So reagiert sie nun überhaupt nicht mehr auf Verhaltensweisen ihres Ehemannes, mit denen er sie früher in ein heulendes Elend verwandeln oder zu einem infantilen Tobsuchtsanfall bringen konnte. Vielleicht versucht er es hin und wieder noch einmal mit irgendeiner «harmlosen» Anspielung – ohne Erfolg. Möglicherweise sagt (oder denkt) er schließlich sogar: «Hey, das ist einfach nicht fair. Mit dir stimmt was nicht. Du müßtest doch jetzt eigentlich Schuldgefühle und Gewissensbisse bekommen, so wie früher!»

Auch wenn die inneren Mechanismen von Schuld und Selbstbestrafung in gewisser Hinsicht für den einzelnen psychologisch sinnvoll erscheinen mögen, so ist ihr Nutzen für andere doch gleich null. Das Opfer eines Unrechts profitiert in keiner Weise von den Schuldgefühlen oder den Selbstbestrafungstendenzen des Täters. Schuldgefühle und Selbstbestrafung stehen einer echten Reue über die begangene Tat sogar eher im Weg. Reuegefühle bei jemandem, der einem anderen Leid zugefügt hat – sei es beabsichtigt oder unbeabsichtigt –, sind dagegen etwas Gutes und Gesundes. Reue ist ein *fremdzentriertes* Gefühl; wer Reue empfindet, der denkt dabei vor allem an den anderen Menschen und das Verhalten, mit dem er ihn verletzt hat. Hat er sich bei dem anderen entschuldigt, kann er sich mit dem problematischen Verhalten auseinandersetzen, und zwar mit dem Ziel, es in Zukunft zu ändern.

Schuldgefühle dagegen sind *selbstzentriert.* Der zu Schuldgefühlen neigende Mensch dreht sich nur um sich selbst, ist völlig eingenommen von seinen Schuldgefühlen und seinem Selbsthaß. Er ist ganz damit beschäftigt, sich selbst Vorwürfe zu machen, zu verurteilen und zu bestrafen – dabei geraten das Opfer seines Tuns und auch das problematische Verhalten selbst völlig aus seinem Blickfeld. Man kann sich das plastisch ausmalen: Ein verletztes, blutüberströmtes Opfer, das sich aufrappelt und fragt: «Kann mir jemand helfen?» und ein Täter, der am Boden liegt, mit einer Peitsche auf sich selbst einschlägt und ruft: «Ich Elender, ich Sünder, ich schlimmer Mensch!» Automatische Selbstbestrafungsmechanismen lenken nur ab von dem, was man eigentlich ändern müßte, und auch von den verletzten Gefühlen des geschädigten Menschen. Am ehesten eröffnen echte Reue und einfühlendes Bewußtsein für die Auswirkungen des eigenen Verhaltens auf das Gegenüber die Möglichkeit, aggressives Verhalten in Zukunft zu vermeiden. Je klarer man die Folgen des eigenen Handelns sieht und je eindeutiger man die Verantwortung für sie übernimmt, um so eher wird es einem gelingen, sich zu ändern.

Jedesmal, wenn Sie sich vor Schuldgefühlen verzehren, sollten Sie sich folgende Fragen stellen: «Setze ich mich wirklich mit dem, was ich getan habe, auseinander, um es in Zukunft besser zu machen? Oder blase ich nur Trübsal und hänge fruchtlosen Gedanken darüber nach, was für ein schrecklicher Mensch ich bin?» Fragen Sie sich: «Trage ich in irgendeiner Weise Verantwortung für das, was geschehen ist? Hätte ich das Problem vorausahnen können, das Ganze besser planen können, vorausblickender an die Sache herangehen können? Hätte ich sensibler, aufmerksamer, ehrlicher oder rücksichtsvoller sein können? Wenn ja, woran lag es, daß ich es nicht war? Hatte ich einfach einen schlechten Tag, oder ist dieses Verhalten ein Muster, in das ich immer wieder verfalle? Habe ich möglicherweise jemanden ausgenutzt? Was genau habe ich getan – was tue ich – und wie kann ich es künftig anders machen?» Wenn Sie sich diese Fragen ehrlich und genau beantworten, fällt es Ihnen leichter, Klarheit über Ihre persönliche Verantwortung zu gewinnen und dann angemessen mit ihr umzugehen, und zwar *ohne* lähmende Schuldgefühle.

7. Kapitel

Meine eigenen Schwächen und Fehler relativieren

«... der erste und entscheidende Schritt auf dem Weg zur Selbstliebe.»

Beim Lesen dieses Kapitels werden Sie vielleicht an der einen oder anderen Stelle denken: «Das versteht sich doch eigentlich von selbst» oder «Das sagt einem doch schon der gesunde Menschenverstand.» Aber die Erfahrung lehrt, daß *jeder Mensch* bisweilen daran erinnert werden muß, wie wichtig es ist, sich selbst zu akzeptieren. Was Sie auch für Fehler und Macken haben – das Beste, was Sie für sich selbst tun können, ist etwas ganz Einfaches und Direktes: *Nehmen Sie sich so an, wie Sie sind; versuchen Sie, etwas Verständnis für sich selbst aufzubringen, und hören Sie auf, ständig an sich selbst herumzumäkeln!*

Zum Thema Relativieren von Schwächen und Fehlern und Aufbau von Selbstakzeptanz fällt mir meine erste und bislang letzte «Ein-Stunden-Therapie» ein, die mittlerweile einige Jahre zurückliegt.

Frau M., eine junge Dame, die als Sekretärin in unserem Büro arbeitete, bat mich um ein Gespräch in einer persönlichen Angelegenheit. Frau M. war äußerst unzufrieden mit sich selbst und hatte vor, in Kürze ihre Stelle zu kündigen. Sie bat mich, ihr zu sagen, was mit ihr nicht stimmte, und begann dann, all ihre «Macken» aufzuzählen. Während Frau M. ihren ganzen Kummer vor mir ausbreitete, bekam ich den Eindruck, daß sie von mir erwartete, sie wegen ihrer angeblichen Schwächen zu rügen, selbst noch ein paar eigene negative Beobachtungen draufzusetzen und sie schließlich mit ein paar aufmunternden Worten und der Aufforderung, «hinzugehen und fortan nicht mehr zu sündigen» zu verabschieden.

Folgende Dinge betrachtete Frau M. als ihre Macken: «Ich werde immer so kopflos, wenn ich unter Zeitdruck stehe.» «Ich bin so schüchtern und unbeholfen Fremden gegenüber.» «Ich klinge so verkrampft und unnatürlich, wenn ich versuche, ein lockeres Gespräch zu führen.» «Ich lasse mich leicht durch andere verunsichern und reagiere dann oft gedankenlos und schroff.» Wegen ihrer Angst, etwas Falsches zu tun oder sich lächerlich zu machen, fing Frau M. selten etwas Neues an und fast nie ging sie ein Risiko ein. Sie bezeichnete sich als «Angsthasen» und meinte, sie selbst untergrabe ihre eigenen Bemühungen um persönliche Weiterentwicklung. Da es sich bei Frau M.s vermeintlichen Fehlern hauptsächlich um persönliche Eigenarten und relativ geringfügige Probleme handelte, fand ich das Ganze ein bißchen witzig; ja, ich mußte etwas grinsen, als sie sie mir aufzählte. Verärgert verlangte sie zu erfahren, was ich daran so komisch fand. Ich sagte ihr, daß ich viele ihrer sogenannten «Macken» sehr liebenswert fand und daß es sich bei ihnen um persönliche Eigenarten handelte, die sie zu einem einzigartigen Menschen machten. Ich sagte ihr auch, daß einige dieser Marotten sogar dazu geeignet wären, sie bei anderen Leuten beliebt zu machen. «An Ihrer Stelle» sagte ich, «würde ich sie um nichts in der Welt hergeben!»

Gemeinsam betrachteten wir jede einzelne der von ihr aufgezählten «Macken». Ich bat sie, ein paar Dinge zu bedenken, ehe sie sich noch mehr den Kopf ihretwegen zerbrach oder versuchte, sie loszuwerden: daß sich nämlich durch den Versuch, ihre Macken auszumerzen, möglicherweise auch ihre Persönlichkeit verändern würde; daß sie mit diesen Macken, auch wenn sie sich ihretwegen manchmal selbst etwas im Wege stand, niemandem weh tat; und daß sie, selbst wenn sie *nicht eine einzige* Macke loswerden würde, trotzdem ein sehr interessanter und liebenswerter Mensch war. Frau M. war sehr überrascht: «Sie meinen, wenn ich mich *gar nicht* ändere und genauso bleibe, wie ich bin, dann ist das ganz okay?» «Ganz bestimmt», antwortete ich. Frau M. bedankte sich bei mir, ohne um eine weitere Sitzung zu bitten. Zwei Jahre später erhielt ich einen Brief von ihr, in dem einer der wichtigsten Aspekte von Selbstakzeptanz sehr schön zum Ausdruck kommt.

In dem Brief hieß es: «Als ich vor zwei Jahren aus Ihrem Büro kam, war ich richtig high! Ich hatte das Gefühl, von Ihnen die Erlaubnis bekommen zu haben, ich selbst zu sein. Ich glaubte, mich endlich nicht mehr selbst bestrafen zu müssen und mich einfach als das annehmen zu können, was ich war: menschlich, manchmal ein bißchen verrückt und komisch, aber eigentlich doch ganz in Ordnung. Ich war die anstrengende Verpflichtung los, mich ständig selbst in Frage stellen und ‹an mir arbeiten› zu müssen, um ein besserer Mensch zu werden. Damit war eine schwere Last von mir genommen. Ich fühlte mich leicht und voller Energie, ja, ich war ganz aus dem Häuschen! Auf einmal wollte ich mir ganz viel Gutes tun, einfach weil ich das Gefühl hatte, es zu verdienen. Ich bin in eine Sportgruppe gegangen, habe abgenommen, wieder mit dem Malen angefangen und bin mehr unter Leute gegangen, weil ich mich nicht mehr so wegen meines Äußeren geschämt habe. Ich habe mich beruflich weitergebildet und eine neue Stelle gefunden, die mir viel Spaß macht, und ich habe einen festen Freund. Und meine ganzen alten ‹Macken› habe ich auch noch!»

Selbstakzeptanz ist der erste und entscheidende Schritt auf dem Weg zur Selbstliebe. Selbstakzeptanz hat aber nichts damit zu tun, sich zurückzulehnen, in Passivität zu verfallen und Möglichkeiten zur persönlichen Weiterentwicklung mit den Worten abzutun: «So bin ich eben, ich kann ja doch nichts dagegen tun.» Dies würde bedeuten, zu resignieren und alle Bemühungen aufzugeben, sein Selbstwertgefühl zu steigern (und auch alle Bemühungen, seine Depressionen zu überwinden). Wer sich dagegen so akzeptieren und lieben kann, wie er ist, scheint ein ganz natürliches Bedürfnis nach Wachstum und stetigem Wandel zu haben. Selbstakzeptanz und Selbstliebe gehen häufig einher mit der Abwesenheit von starren Denk- und Verhaltensmustern. Wer sich selbst annimmt und mag, ist offen für einen echten Austausch mit anderen Menschen und der Umwelt und findet in diesen Begegnungen Anregungen für seine persönliche Entwicklung. Die Folge davon ist eine spontanere und weitergehende Entfaltung der Persönlichkeit. Man braucht schon «Bremsen im Kopf», um sich in dieser Welt *nicht* zu bewegen, zu verändern und weiterzuentwickeln. Schließlich ist das Leben ständig im Fluß; jeder Stillstand kostet wertvolle Energie. Wir kommen gar nicht darum herum, uns zu verändern, wenn wir empfänglich und wirklich offen für das sind, was rings um uns passiert. Sie werden merken, daß Selbstakzeptanz Ihre Energien mehrt und befreit. Sie brauchen keine Zeit und Mühe mehr darauf zu verwenden, sich vor Selbstkritik, Schuldgefühlen und dem daraus resultierenden inneren Schmerz zu schützen. Sie können die Energie, die Sie für den inneren Kampf mit dem Gefühl brauchten, ein schlechter Mensch zu sein, dafür nutzen, das Beste aus Ihrem Leben zu machen. Wenn Sie nicht mehr in selbstquälerischen und selbstentwertenden Gedanken und Gefühlen gefangen sind und Ihre Wunden endlich verheilen, können Sie *lernen,* frei, liebevoll und offen zu werden und interessiert auf Menschen, Situationen und Themen außerhalb Ihrer bisherigen Reichweite zuzugehen. Gefühle von Wertlosigkeit und Schuld sind lähmend; Selbstakzeptanz und Selbstbewußtsein geben Kraft und Energie. *Befreien Sie sich und gehen Sie Ihren Weg!*

8. Kapitel

Meine Schamgefühle überwinden

Sich selbst anzunehmen ist nicht leicht, wenn man das Gefühl hat, daß grundsätzlich etwas mit einem nicht in Ordnung ist. Oft liegt massiven, alles durchdringenden Schuldgefühlen eine tiefe Scham zugrunde. Wie vor Jahren der große Psychoanalytiker Erik Erikson sagte, verliert man in unserer Gesellschaft die Scham oftmals aus dem Blick, weil sie so schnell von Schuldgefühlen überdeckt wird (Erickson, 1965).

Während es sich bei Schuld um ein negatives Gefühl gegenüber dem eigenen Verhalten handelt, folgt Scham aus einer negativen Beurteilung der ganzen eigenen Person. Schuldgefühle entstehen in Reaktion auf Fehler, Vergehen oder Unterlassungen. Die Scham dagegen ist das grundlegende Gefühl, daß etwas mit einem nicht stimmt, daß man ein schlechter Mensch ist. Die grundlegende Botschaft lautet: «Ich bin nicht in Ordnung. Ein Versager. Ein Verbrecher.» Aus der Scham spricht das nagende Gefühl, Strafe verdient zu haben: «Ich muß etwas falsch gemacht haben, sonst hätte ich nicht dieses schlechte Gefühl.» Schamgefühle führen zu dem Wunsch, das nicht annehmbare Selbst zu verbergen. «Wenn die Leute mich so sähen, wie ich wirklich bin, würden sie merken, was für ein schwacher und schlechter Mensch ich bin.»

Zu einem großen Teil werden Schamgefühle fast immer ins Unterbewußtsein verdrängt. Man meint vielleicht, es trotz einer schwierigen Kindheit weit gebracht zu haben und stolz auf das Erreichte zu sein. Im Wettlauf gegen die Schamgefühle ist man diesen jedoch oft nicht mehr als einen Schritt voraus. Man hat vielleicht das Gefühl, sich seines Wertes sicher zu sein, konzentriert sich dabei aber nur auf seine Leistungen und nicht auf seinen Wert als Person. *Ein* kleiner Patzer, *ein* Mißerfolg – und man macht sich selbst gnadenlos herunter und verfällt in Depressionen.

Woher stammt dieses Gefühl tiefer Scham? Erst einmal ist es eine Folge der elterlichen Erziehung. Menschen, die unter Scham leiden, sind häufig mit dem Gefühl aufgewachsen, wertlos und unzulänglich oder gar defekt oder sonst irgendwie «anders» zu sein. Sie haben möglicherweise Dinge zu hören bekommen wie: «Was ist denn bloß los mit dir?!» «Warum machst du mir solchen Kummer?» «Warum kannst du nicht ein bißchen wie deine Schwester sein?» «Du bist unmöglich!» «Du bist schlimm!» «Du wirst es nie zu etwas bringen!» Auch Geschwister und Gleichaltrige können grausam sein und uns mit ihren Hänseleien und Beschimpfungen das Gefühl vermitteln, die ganze Welt zeige mit dem Finger auf uns. Solche frühen Botschaften hinterlassen bleibende Spuren in der Psyche und haben zur Folge, daß man noch als Erwachsener glaubt, daß einem irgend etwas Undefinierbares, aber äußerst Wichtiges fehle und man deshalb immer irgendwie ein Außenseiter bliebe. Auch wenn man es schafft, die Scham zurückzudrängen, bleibt doch oft ein tiefes, nagendes Gefühl der Unzufriedenheit und Enttäuschung über sich selbst.

Manchmal handelt es sich bei der Scham auch um ein unliebsames Erbe. Ein alkoholabhängiger Vater oder schwierige, gestörte Familienverhältnisse können Scham erzeugen. Eltern, die unter Scham leiden, geben diese an ihre Kinder weiter, die sie verinnerlichen und Aspekte der Persönlichkeit ihrer Eltern übernehmen («introjizieren»).

Ein schlechtes Gefühl in bezug auf sich selbst zu haben ist kein Beweis dafür, wirklich schlecht zu sein. Scham ist nur ein *Gefühl*, Symptom und Nebenprodukt einer destruktiven Erziehung. Sie beruht auf einem obsoleten Programm, nicht auf Realität. Scham ist ein Hirngespinst, ein Trugbild. Sie schauen in sich hinein und sehen einen tiefen, dunklen Abgrund, den Sie voller lauernder Dämonen wähnen. Dort in der Dunkelheit, meinen Sie, befänden sich Ihre Schattenseiten, Ihre schlimmen Fehler und Unzulänglichkeiten. Wissen Sie, was dort in der Tiefe wirklich ist? Nichts! In Ihrer Verzweiflung projizieren Sie Ihre schlimmsten Ängste auf eine leere Leinwand, so wie Psychiatriepatienten ihre eigenen Ängste auf einen Tintenklecks projizieren. Und so wie gestörte Eltern ihren

Selbsthaß auf ihre Kinder projizieren und dann versuchen, diesen aus ihnen herauszuprügeln. Mit Schuld läßt sich leichter umgehen als mit Scham. Bei Schuldgefühlen kann man das Verhalten, das diese ausgelöst hat, unter die Lupe nehmen, Reue empfinden, eine Wiedergutmachung versuchen, den Entschluß fassen, sich in Zukunft anders zu verhalten, und dann die Sache «abhaken». Bei Schamgefühlen ist das nicht so einfach.

Es gibt jedoch ein paar Dinge, die Sie tun können, um Ihre Schamgefühle zu überwinden. Zum einen können Sie sich bemühen, die «Schambotschaften» von Eltern oder anderen Personen, die einen Einfluß auf Ihr Selbstbild hatten, zu identifizieren. Sie können sich verstandesmäßig klarmachen, daß diese Botschaften Ausdruck der Probleme und Schamgefühle *der anderen* sind und nichts über Ihren eigenen Charakter aussagen. Zum zweiten können Sie sich mit dem Leben der anderen beschäftigen und herausfinden, welche Rolle Schamgefühle in *deren* Erziehung gespielt haben, unter welchen Depressionen, Unsicherheiten und gegen sich selbst gerichtete Aggressionen *sie* gelitten haben. Gespräche mit Angehörigen über die Familiengeschichte und die Kindheit der Eltern können Ihnen Einblicke in den breiteren Zusammenhang Ihrer Familiendynamik verschaffen. Auch wenn es Ihnen nicht gleich gelingt, den Eltern oder Bezugspersonen zu vergeben, so verstehen Sie doch zumindest, daß auch sie Produkte ihrer frühen Erziehung waren. Möglicherweise waren sie Ihnen bessere Eltern, als es ihnen die eigenen Eltern gewesen waren.

Sich selbst vergeben

Scham kann durch Mitgefühl mit den Menschen, die sie einem vielleicht eingebrockt haben, überwunden werden und dadurch, daß man sich selbst verzeiht. Es sind *keine Charaktermängel*, unter denen man so leidet, sondern Gefühle, Einstellungen und Verhaltensweisen, die veränderbar sind. Bei vielen der Verhaltensweisen, die Sie an sich selbst nicht leiden können, handelt es sich um Überlebensstrategien, die dazu dienten, schwierige Situationen in der Familie zu überstehen. Vielleicht waren Sie ein verstörtes und verletzbares kleines Kind, das versucht hat, einigermaßen heil aus einer chaotischen oder unglücklichen Familiensituation herauszukommen.

Betrachten Sie Ihre gegenwärtigen Verhaltensweisen und Gefühle – und hören Sie auf, sie sich zum Vorwurf zu machen. Das heißt nicht, daß Sie über problematische Gefühle und Verhaltensweisen *hinwegsehen* sollen, sondern daß Sie einfach *akzeptieren* müssen, daß Sie sie nun einmal haben. Es ist wichtig, daß Sie sich zugestehen, manchmal wütend und verbittert zu sein, sich dumm und unangemessen zu verhalten oder Rachegefühle zu hegen.

Sich selbst zu vergeben heißt auch, sich darüber klar zu werden, daß es Dinge gibt, die man gern an sich ändern würde. Sie sind nicht perfekt. Niemand ist das. Aber es gehört zum Leben dazu, sich ständig zu verändern. Nur weil Sie sich schlecht *fühlen*, müssen Sie nicht auch ein schlechter Mensch sein. Sich selbst zu vergeben heißt, im Hier und Jetzt Verantwortung für sich zu übernehmen und ein Selbstveränderungsprogramm zu starten. Dazu gehört auch, sich von seiner Vergangenheit zu lösen und damit anzufangen, eine andere Sichtweise von sich selbst und seinem Verhalten zu entwickeln. Und der erste Schritt besteht darin, daß Sie sich klarmachen: Einige Aspekte Ihres Verhaltens und Ihres Selbstbilds müssen wohl verändert werden; als Mensch insgesamt aber sind Sie in Ordnung.

Sich selbst akzeptieren

Wer sich selbst vergibt, kann sich auch selbst akzeptieren. Sich selbst annehmen bedeutet, sich sagen zu können: «Alles in allem ist es ganz in Ordnung, so zu sein wie ich.» Das heißt nicht, seine Fehler und Schwächen zu verleugnen, sondern sich *trotz dieser Fehler und Schwächen* zu mögen. Und vor allem heißt es, nicht erst dann gut zu sich zu sein, wenn man perfekt ist.

Wenn Sie es noch nicht schaffen, sich ganz zu akzeptieren, können Sie erst einmal *so tun, als ob*, bis sich das echte Gefühl einstellt. Wenn Sie damit so lange warten wollen, bis Sie mit aller Gewalt einen besseren Menschen aus sich gemacht haben, stärken

Sie nur die Überzeugung, noch nicht gut genug zu sein: «Ich muß wirklich mies sein, sonst würde es mir nicht so schwerfallen, ein gutes Gefühl zu mir zu haben.» Wenn Sie dagegen *so tun, als ob* Sie bereits ein «besserer Mensch» wären, nachsichtig mit sich umgehen und gut zu sich sind, wird daraus: «So schlimm kann ich gar nicht sein, schließlich bin ich ja gut zu mir.» Sich selbst anzunehmen und gut zu sich zu sein stärkt den inneren Glauben, im Grunde als Mensch in Ordnung zu sein.

Selbstakzeptanz heißt natürlich auch, seinen persönlichen Stärken und Fähigkeiten eine Chance zu geben, sich zu entfalten. Oft neigt man dazu, sich ganz auf seine Fehler und Schwächen zu konzentrieren, und seine Stärken als unbedeutend oder selbstverständlich abzutun. Wenn Sie Ihre Vorzüge herunterspielen und sagen: «Das ist doch nichts Besonderes» oder «Das ist mir eben immer schon leichtgefallen», verweigern Sie einem sehr wichtigen Teil Ihres eigenen Selbst die Anerkennung.

Wenn Sie sich selbst vergeben und sich so annehmen, wie Sie sind, können Sie lernen, sich zu lieben, gut, zärtlich und aufmerksam mit sich umzugehen, «so tun, als ob» Sie ein wertvoller und anständiger Mensch wären, und dadurch schließlich Ihre Scham überwinden und sich als liebenswerter Mensch fühlen. Diese Scham haben Sie nicht verdient. Sie wurde Ihnen von gedankenlosen, fehlgeleiteten oder vielleicht sogar wohlmeinenden Erwachsenen eingeimpft, als Sie noch ein Kind waren. Und weil Sie die Scham nicht verdient haben, brauchen Sie sich auch nicht das Recht zu verdienen, sich von ihr zu lösen. Auch die Liebe zu sich selbst brauchen Sie sich nicht zu verdienen. Sich selbst zu lieben ist etwas, das man lernen, nicht verdienen kann.

9. Kapitel

Meinen «inneren Saboteur» ausschalten

In jedem von uns steckt ein «innerer Saboteur», der gegen uns arbeitet, unser Glück untergräbt und uns glauben machen will, schuldig zu sein, uns schämen zu müssen und nicht gut genug zu sein. Er es, der uns das Gefühl gibt, auf ganzer Linie versagt zu haben – der Kern jeder Depression.

Solange Sie diesen «inneren Saboteur» nicht ausfindig machen und entwaffnen, bleiben Sie im Würgegriff der Depression, der überhöhten Erwartungen und Ansprüche, der Scham und der Schuldgefühle, der Regeln und Verbote. Die überzogenen Forderungen, die Sie da aus Ihrem Inneren vernehmen, taugen nicht als etwas, wovon Sie sich leiten lassen könnten. Es sind keine Botschaften von Ihrem «besseren Selbst», wie Sie vielleicht meinen. Es ist nicht das erwachsene Gewissen, das sich hier meldet, oder eine wohlmeinende innere Stimme, die Sie ermahnt, gut zu sich selbst und anderen zu sein. Vielmehr sind es die verinnerlichten Regeln, Normen und Vorschriften Ihrer Eltern und der Gesellschaft – eine Zwangsjacke, die Sie sowohl im Inneren als auch in Ihren Beziehungen zu anderen hemmt und blockiert.

Der sichtbare Saboteur

Der sichtbare Saboteur ist ein zäher Bursche, der die unterschiedlichsten Gestalten annehmen kann, in der Regel aber relativ leicht zu erkennen ist. Seine ehrgeizigste Seite ist der *Richter*, der unermüdlich daran arbeitet, Sie davon zu überzeugen, daß Ihre menschlichen Schwächen verdammenswert sind, Ihr Verhalten unverzeihlich und Ihre Fehler nicht zu korrigieren. Alles, was Sie denken, fühlen und tun, wird genau unter die Lupe genommen und natürlich für kritikwürdig befunden. Der *Widersacher*, eine weitere Seite des sichtbaren inneren Saboteurs, taucht besonders gern dann auf, wenn Sie sich gerade etwas auf eine gute Eigenschaft zugute halten oder sich über einen Erfolg freuen wollen. Er sabotiert gute Gefühle, die Selbstachtung sowie die Befriedigung über eigene Leistungen und ruft Schuldgefühle hervor, sobald Sie einmal berechtigten Stolz auf eine gelungene Sache empfinden. Der *Diktator* ist Ihr innerer Boß. Er kommandiert Sie herum: «Tu dies, tu das! Laß das bleiben!» Er schikaniert, schüchtert ein, bedrängt und macht Sie durch das Androhen irgendwelcher ominöser «Konsequenzen» gefügig. Und wenn Sie bereits am Boden liegen, nimmt der gnadenlose *Sadist* die Sache in die Hand und verleiht Ihnen das Gefühl, daß Sie es wirklich verdienen, so mies dran zu sein und für Ihre «Schandtaten» zu büßen.

Noch mehr Schaden richtet der *Kritiker* an, der am meisten zu dem negativen Dialog in Ihrem Kopf beiträgt: «Schön blöd, wie du dich da verhalten hast!» «Wie konntest du so etwas Dummes sagen!» Alles, was Sie fühlen, wollen oder tun, ist «unmöglich» oder «falsch». Hand in Hand mit dem Kritiker arbeitet der *Zensor,* der meist mit leiser Stimme spricht: «Sei vorsichtig.» «Nichts überstürzen.» «Auf Nummer Sicher gehen.» «Bloß nichts sagen.» «Du verscherzt es dir noch.» Er überwacht all Ihre Gedanken, Gefühle und Taten, läßt einige passieren und stoppt andere. Der Zensor wiederum bereitet das Feld für den *Bremser,* der Ihnen jederzeit den Wind aus den Segeln nehmen kann. Der Bremser arbeitet oft auf einer körperlichen, unbewußten Ebene und bewirkt, daß sich Ihre Muskeln verspannen, Ihr Atem flach wird und sich Ihr Hals zusammenschnürt. Diese körperlichen «Bremsklötze» blockieren den Fluß der Gefühle und stören das spontane Sprechen und Handeln.

Der innere Saboteur bewertet alles und jedes nach den Kriterien Gut oder Böse, Tugendhaft oder Verwerflich, verzerrt die Stimme Ihres gesunden, erwachsenen Gewissens und behindert damit das Fällen vernünftiger Urteile und Entscheidungen. Er will Sie glauben machen, man könne durch Verzicht, Selbstbeschneidung und Unterdrückung von Bedürfnissen ein gutes Gefühl zu sich bekommen. Aber dies ist eine falsche Sicherheit, letztendlich macht man so den

Bock zum Gärtner. Kein Waffenstillstand wird lange halten. Der Saboteur mit seinen vielen Stimmen kriegt niemals genug.

Da diese Stimmen des inneren Saboteurs für elterliche und gesellschaftliche Botschaften stehen, sind sie in der Regel gut hörbar und leicht zu identifizieren. Daneben hat der innere Saboteur aber auch noch verdeckte Seiten, die ebenfalls ein böses Spiel mit uns treiben können.

Der unsichtbare Saboteur

Die unsichtbare, passive Seite des inneren Saboteurs verbirgt sich hinter vielen Masken, und man muß nicht Schneewittchen sein, um ihm auf dem Leim zu gehen und in den vergifteten Apfel zu beißen.

In all seinen arglistigen Maskeraden legt es der unsichtbare Saboteur immer wieder darauf an, Sie dazu zu bringen, klein beizugeben und die Hoffnung auf Veränderung zu begraben. Er tut dies zum Beispiel in Gestalt des *Hypnotiseurs*, der durchaus wohlmeinend und verständnisvoll erscheinen mag. Er zeigt Mitgefühl und solidarisiert sich mit Ihrer mutlosen Seite, was in etwa so klingt: «Ich weiß, wie du dich fühlst. Du wirst dich nie ändern – wofür all die Mühe? Du glaubst Fortschritte zu machen, machst aber keine. Komm, gib's auf.» Oder er schlüpft in die Rolle des *Unheilspropheten*: «Es wird nie gut laufen für dich. Du hast einfach kein Glück. Niemand versteht dich, niemand kann dich leiden. Du bist und bleibst eben ein Pechvogel. Egal, wie sehr du dich auch bemühst, es klappt nicht.» Manchmal, wenn Ihre Scham am größten ist, nimmt der Saboteur fast diabolische Züge an und schlägt Ihnen einen scheinbaren Ausweg vor: «Du schaffst es ja doch nicht, gut zu sein – deshalb sei eben schlecht, so richtig schlecht und böse! Im Grunde bist du es ja sowieso schon. Schwach und selbstsüchtig. Mach weiter so. Iß, soviel du willst, bau den größten Mist, laß alles raus. Das kannst du gut. Laß es dir gut gehen in Deiner Verdorbenheit. »

Negativismus und depressive Stimmung verbreiten sich wie ein Schleim über das ganze Leben und auch über die tieferen Schichten des Selbst. Auf der tiefsten Ebene fühlen Sie sich schmutzig, verkommen und zutiefst beschämt. Der Pseudotrost, ein *Opfer* zu sein, soll Sie nun einlullen und beschwichtigen: «Das Leben ist hart zu dir gewesen. Du bist zutiefst verletzt worden, hast einen irreparablen Schaden davongetragen. Immer wieder hat man auf dir herumgetrampelt. Das Leben ist schlimm, aber du kannst nichts dafür.»

Der unsichtbare Saboteur ist ein «Freund», der sich ausschließlich für Ihre Probleme (nicht für die schönen Seiten Ihres Lebens) interessiert, Sie bemitleidet und Sie dazu bringen will, anderen die Schuld zu geben und sich das Motto zu eigen zu machen: «Das Leben ist wie ein Kinderhemd – kurz und besch...» Dieser Freund läßt Sie resignieren und gibt Ihnen das bittersüße Gefühl, ein Märtyrer zu sein. Damit verschafft er Ihnen vielleicht ein wenig – teuer bezahlte – Erleichterung. Sowohl der sichtbare als auch der unsichtbare Saboteur sind ein Teil von Ihnen. Sie selbst haben zu deren Entstehung beigetragen, indem Sie anderen erlaubt haben, Ihnen ihre Regeln aufzuoktroyieren. Und manchmal haben sie ihn auch selbst «gefüttert».

Dem inneren Saboteur auf die Spur kommen

Worin genau bestehen die Forderungen und Erwartungen, Regeln und Vorschriften, aus denen sich das Arsenal des inneren Saboteurs zusammensetzt? Wenn manche von ihnen unklar sind und auf unterschwelligen elterlichen Botschaften beruhen – Gesten, mißbilligendes Schweigen, Rückzug – versuchen Sie, die dahinterstehenden Urteile, Anweisungen und Regeln herauszufinden. Wenn Ihre Mutter beispielsweise den Blick abgewendet hat oder das Thema gewechselt hat, könnte sie damit gemeint haben: «Du denkst wieder nur an dich. Du bist egoistisch» oder «Du hast völlig unrecht» oder «Du verletzt mich und bist rücksichtslos.»

Machen Sie sich einmal Gedanken darüber, welche Regeln und Anweisungen Ihr Erleben prägen, und schreiben Sie sie auf, um sie sich immer vor Augen führen zu können. Zum Beispiel:

Sex ist nichts für dich!
Keine schlechten Gefühle!
Keine schlechten Gedanken!
Sei kein Egoist!

Werde niemals laut!
Habe niemals eine eigene Meinung!
Geh niemals ein Risiko ein!
Sei niemals stolz!

Oft werden diese Anweisungen kombiniert mit «Immer-Botschaften»: Sei immer großzügig, stark, standhaft, fröhlich, brav, verständnisvoll, beherrscht, konsequent, selbstsicher, gesund, tapfer, erfolgreich, nett, enthaltsam, verläßlich!

Regeln, die ein «niemals» oder ein «immer» enthalten, sind meist perfektionistisch. Kinder legen Regeln oft viel strenger aus, als die Eltern sie gemeint haben. In den ersten Lebensjahren ist man noch nicht bereit oder in der Lage, bestimmte Dinge differenziert zu betrachten. Als Erwachsener hat man zwar die Möglichkeit, sich seine eigenen Gedanken über die gelernten Ge- und Verbote zu machen, manchmal geschieht dies jedoch nicht. Vielleicht meint man, die Nähe oder Akzeptanz seiner Eltern gewinnen zu können, wenn man ihre Anweisungen verinnerlicht und sich ihre Kritik an einem selbst zu eigen macht. Oder aber man verdrängt die Vorschriften und Vorwürfe und projiziert sie auf andere: Dann sind *sie* es, die einem Knüppel zwischen die Beine werfen und dafür sorgen, daß man nicht glücklich werden kann.

Weil ihnen noch die nötige Reife zum Erkennen bestimmter Risiken fehlt, benötigen Kinder zu ihrem eigenen Schutz konkrete Regeln. Da Sie jedoch inzwischen erwachsen sind, sollten Sie sich fragen: «Haben diese Regeln alle noch ihre Gültigkeit?» Manche meiner Patienten sind beispielsweise glücklich verheiratet und haben trotzdem im Zusammenhang mit sexueller Lust Schuldgefühle: Offenbar gilt für sie weiterhin ein «Sex-Verbot». Erwachsene sollten flexibel mit Regeln umgehen, Ausnahmen zulassen und die jeweiligen Umstände berücksichtigen. «Immer» und «niemals» klingen nach starrer Moral und verhüllen die Tatsache, daß die meisten Regeln viel mit Geschmack, Sitten, Gewohnheiten und persönlichen Vorlieben zu tun haben.

Regeln müssen auch «mach-bar» sein. Wenn eine Regel praktisch nicht zu erfüllen ist oder große Opfer verlangt, ist sie wahrscheinlich unrealistisch oder zu streng, und wenn sie Selbstverleugnung und -unterdrückung verlangt und zuviel Kraft kostet, ist sie meist Teil eines perfektionistischen Anspruchsniveaus.

Regeln oder Richtlinien sollten zu Wohlbefinden und psychischem Wachstum beitragen. Geben sie einem statt dessen ein Gefühl von Unfreiheit, führen zu Frustration, Hemmung, Angst oder Schuldgefühlen – wem nützen sie dann? Sicher nicht Ihnen und indirekt auch nicht Ihren Lieben. Und auch eine Überzahl von Normen und Regeln – seien sie jede für sich vielleicht noch zu erfüllen – machen es insgesamt unmöglich, sich «richtig» zu verhalten.

Bei der Auflistung Ihrer persönlichen Regeln werden Sie feststellen, daß sie teilweise im Widerspruch zueinander stehen. So kann beispielsweise «Ich muß auf meine Gesundheit achtgeben» kollidieren mit «Ich muß alles für meine Kinder tun.» «Ich muß immer glücklich sein» kann im Widerstreit liegen mit «Ich darf mich nicht sinnlichen Genüssen hingeben.» Und «Ich sollte immer sagen, was ich meine» ist nicht immer leicht unter einen Hut zu bringen mit «Ich muß immer die Sichtweise meines Gegenübers akzeptieren.»

Eine Kosten-/Nutzenrechnung aufstellen

Um Ihren inneren Saboteur loszuwerden, müssen Sie zunächst verstehen, was ihn eigentlich am Leben erhält. Vielleicht sind Sie der Meinung, ohne ihn nicht auszukommen, und machen sich selbst weis, er wäre von Nutzen für Sie. Mit welchen Problemen, Gefühlen oder Gedanken müßten Sie sich auseinandersetzen, wenn Sie ihn nicht hätten? Was befürchten Sie, ohne ihn zu tun oder zu lassen?

Fragen Sie sich, was Sie mit Hilfe Ihres Saboteurs vermeiden. Wodurch gibt er Ihnen Sicherheit und Trost? *Was haben Sie davon*, sich immer wieder in bestimmte Schwierigkeiten hineinzumanövrieren, sich für irgendwelche imaginären Verfehlungen zu bestrafen oder für irgendeine irrationale Schuld zu büßen?

Der innere Saboteur ist letztendlich eine hervorragende Strategie zur Selbstunterdrückung, und er bedient sich der effektivsten Methoden zur Kontrolle menschlichen Verhaltens:

- *Furcht:* Er warnt, schüchtert ein, bedroht, kündigt harte Konsequenzen an.

- *Besänftigung:* Er befreit von Unentschiedenheit, Verwirrung, Unsicherheit durch das Anbieten alter Regeln.

- *Buße:* Er lindert schmerzliche Schuldgefühle durch das Auferlegen harter Qualen und Strafen.

- *Schutz:* Er bewahrt vor Ängsten und Unannehmlichkeiten, die mit neuen Erfahrungen und Gefühlen einhergehen würden.

- *Desensibilisierung:* Er läßt einen gleichgültig und unempfindlich gegenüber Zurückweisung und Mißerfolgen werden.

Dadurch, daß man beispielsweise dem *Diktator* gegenüber klein beigibt, vermeidet man Kummer und Schmerzen. Befolgt man die Ermahnungen des *Zensors*, erspart man sich Kritik und Zurückweisung von außen. Der *Bremser* läßt nicht zu, daß man etwas Neues ausprobiert oder ein Risiko (sei es auch vernünftig und kalkulierbar) eingeht, und beugt damit einem möglichen Scheitern vor; vertraute Gewohnheiten und Regeln wirken beruhigend und vermitteln ein Gefühl von Sicherheit. Nach den Hieben des *Sadisten* fühlt man sich manchmal besser; Selbstbestrafung mildert vorübergehend Schuldgefühle. Mit Unterstützung des *Unheilspropheten* kann man sich unempfindlich machen und sich auf negative Ereignisse vorbereiten; vielleicht lassen sich Zurückweisung und Mißerfolge besser verkraften, wenn man von vornherein nichts anderes erwartet. (Negative Vorhersagen tragen häufig selbst zum Eintreten negativer Ereignisse bei.)

All dies stärkt den inneren Saboteur. In ihrem ausgezeichneten Buch über das Selbstwertgefühl weisen Matthew McKay und Patrick Fanning darauf hin, daß es nur dann zu negativer Verstärkung kommen kann, wenn es uns psychisch oder physisch schlecht geht. Jedes Verhalten, das diesen Zustand beendet, wird verstärkt, das heißt, wird künftig häufiger auftreten, wenn es uns erneut schlecht geht. Aus diesem Grund ist es so schwer, bestimmte Verhaltensweisen abzustellen wie beispielsweise übermäßiges Essen oder Trinken, Tobsuchtsanfälle, exzessiven Fernsehkonsum, Jammern und Klagen, Rückzug, das Abwälzen von Verantwortung oder aggressives

Sporttreiben. All diese Dinge bauen Spannungen und Ängste ab und lenken uns vorübergehend von unserem inneren Schmerz ab. McKay und Fanning zufolge wird auch zwanghaftes Grübeln gelegentlich verstärkt, nämlich dann, wenn es zufällig einmal zu einer praktikablen Lösung eines Problems führt. Das passiert zwar nur selten, aber gelegentliche («intermittierende») Verstärkung ist die wirksamste (McKay & Fanning, 1987).

Jeder Verstoß gegen Ihre inneren Regeln kann mit Verunsicherung und Verlust von Selbstbewußtsein einhergehen. Es ist der *Richter*, der auf die Befolgung der Regeln pocht; die Belohnung besteht darin, sich im Recht und anderen moralisch überlegen zu fühlen. Manchmal treibt der erbarmungslose *Diktator* Sie zu Höchstleistung an, und wenn alles gut geht, haben Sie ein Erfolgserlebnis und empfinden vorübergehend Genugtuung. Ein hohes Ziel zu erreichen stärkt das Selbstwertgefühl – möglicherweise jedoch auf Kosten von Gesundheit und innerem Gleichgewicht. Und es verleiht Ihnen zuzeiten ein gutes Gefühl, wenn Ihr *Kritiker* Sie permanent mit Ihren Mitmenschen vergleicht und Sie tatsächlich einmal schöner oder intelligenter sind als andere.

Die Kostenseite Ihres inneren Saboteurs ist jedoch nicht unbeträchtlich: Unruhe, Depression und Verzweiflung, ständige Selbstbestrafung und Selbstfolterung, Selbstwertprobleme und Selbstbehinderung, Energieverlust, Selbstbetrug, innere Leere und das Gefühl, nie so sein zu dürfen, wie Sie wirklich sind.

Nur weil Sie selbst ihn so stark werden lassen, kann der innere Saboteur Ihre depressiven Verstimmungen so sehr ausnutzen oder Sie überhaupt erst depressiv machen. Je mehr Sie sich aber seiner bewußt werden, desto leichter wird es, seinem Einfluß etwas entgegenzusetzen und sich gegen seine Versuche zu wehren, Sie in der Depression festzuhalten.

Es mit dem inneren Saboteur aufnehmen

Sind Sie sich über die Botschaften Ihres inneren Saboteurs und deren Herkunft im klaren, bieten Sie ihm die Stirn. Werden Sie ruhig ein bißchen wütend. Sagen Sie ihm, daß Sie nichts mehr von ihm hören wollen. Am Anfang versuchen Sie es vielleicht einmal so: «Oh nein! Fängst du schon wieder an?! Ich höre dir nicht mehr zu. Du bist Gift für mich! Laß mich in Ruhe. Halt den Mund. Hau ab! Schluß jetzt!» Sie können auch noch einen Schritt weitergehen und es mit einer verhaltenstherapeutischen Technik versuchen: Ziehen Sie sich ein Gummiband übers Handgelenk und lassen Sie es gegen die Haut schnippen, wenn Sie sich selbst wieder einmal herunterputzen oder die Flinte ins Korn werfen wollen. Auf diese Weise erinnern Sie sich daran, wie es ist, wenn man sich selbst weh tut.

Achten Sie ganz besonders auf unterschwellig pessimistische Sätze oder Aussagen, die die Einstellung zum Ausdruck bringen, das Leben sei schwer, unvorhersehbar, ungerecht oder unsicher. Ich meine damit Sätze wie: «Das ist unfair.» «Ist doch alles zum Kotzen.» «Niemand macht sich mehr Gedanken über irgend etwas.» *Indirekt pessimistisch* sind Aussagen wie: «Hoffentlich klappt es auch» (will heißen: ‹Es klappt wohl nicht›) oder «Ich hoffe, er schafft es» (für: ‹Ich fürchte, er kriegt's nicht hin›).

Wir halten uns auch deshalb einen inneren Saboteur, weil wir meinen, uns ohne ihn zu nichts aufraffen zu können. Ohne den ständigen Druck eines Richters oder Diktators in unserem Inneren, so glauben wir, würden wir bequem und selbstgefällig. Ganz besonders glauben wir dies, wenn uns ein geringes Selbstwertgefühl und die daraus resultierende Depression alle Energie raubt.

Kraft und Durchhaltevermögen können wir jedoch auch gewinnen, wenn wir einmal unsere Ziele überprüfen und uns fragen, ob sie immer noch wichtig für uns sind. Wenn Sie sich jahrelang gesagt haben: «Ich muß das machen», und Sie sich nun fragen: «Will ich das eigentlich machen?», ist es durchaus möglich, daß die Antwort «Ja!» lautet. Ein berufliche Tätigkeit oder eine Rolle, in der wir uns seit Jahren gefangen fühlen, kann so von einer lästigen Pflicht («ich soll, ich muß») zu einem wahren Bedürfnis («ich will») werden. Wenn wir uns die Wahl lassen, fühlen wir uns frei, und innere Widerstände lösen sich auf. Dann erst können wir uns wieder mit vollem Engagement der Aufgabe widmen.

Manchmal entdeckt man erst, was für ein schönes Haus man besitzt, wenn man ernsthaft erwägt, es zu verkaufen. Das Angebot einer neuen Stelle läßt die, die man hat, oft in einem sehr viel besseren Licht erscheinen, und eine Trennung vom Ehepartner kann diesen auf einmal wieder sehr interessant machen.

Vielleicht listen Sie einmal die wichtigen Bereiche Ihres Lebens auf sowie die Rollen, die Sie in ihnen spielen. Dann schreiben Sie Ihre realistischen Vorstellungen und Ziele in jedem dieser Bereiche auf. Und nun überlegen Sie, welche von ihnen für Sie Priorität haben, *und setzen sie gegen äußere und innere Widerstände durch.* Wenn Sie beispielsweise dem Schutz Ihrer Gesundheit Priorität einräumen möchten, machen Sie sich klar, was alles dazugehört, und nehmen Sie dies dann genauso ernst wie beispielsweise die Hausarbeit oder das Herumchauffieren der Kinder. Eine «Feinabstimmung» der Prioritäten in Abhängigkeit von konkreten Erfahrungen, die Sie machen, ist jederzeit möglich. Treten nun Schuldgefühle auf, weil Sie sich das Recht herausnehmen, Sport zu treiben, Zeit mit sich selbst zu verbringen oder emotionale Zuwendung zu fordern, kann ein Blick auf die Prioritätenliste der Verunsicherung entgegenwirken und die innere Stimme zum Schweigen bringen, die Ihnen diese Schuldgefühle einreden will. Je mehr Sie den inneren Saboteur ignorieren und sich über ihn hinwegsetzen, um so mehr nimmt seine Macht über Sie ab.

Über den inneren Saboteur hinauswachsen

Grundlage für alle Methoden zur Bekämpfung des inneren Saboteurs ist die Einstellung, mit der man an ihn herangeht. Hal und Sidra Stone beschreiben in ihrem Buch *Du bist richtig,* daß viele Menschen alles daran setzen, ihren inneren Saboteur loszuwerden, weil sie ihn so hassen. Und je mehr sie sich anstrengen, um so stärker wird er (Stone & Stone, 1996).

Haß hilft Ihnen nicht weiter, wenn Sie sich von Ihrem inneren Saboteur befreien wollen. Je mehr Sie ihn hassen, um so mehr hassen Sie sich selbst, und damit stehen Sie wieder ganz am Anfang. Machen Sie sich klar, daß der innere Saboteur ein Teil von Ihnen ist – einer, auf den Sie zwar gut und gerne verzichten könnten, der aber dennoch zu Ihnen gehört. Früher in Ihrem Leben hatte er seine Existenzberechtigung, und Sie waren auf ihn angewiesen. Als Kind hätten Sie von einem Auto überfahren werden können, wenn Sie auf der Straße gespielt hätten. Als Jugendlicher gab es Zeiten, in denen Sie verwirrt, impulsiv oder verunsichert waren und strikte Regeln brauchten, an denen Sie sich orientieren konnten. Deshalb sollten Sie sich bei Ihrem inneren Saboteur bedanken für das, was er für Sie getan hat – und sich gleichzeitig klarmachen, daß Sie aus ihm «herausgewachsen» sind wie aus Ihren Kinderschuhen.

Nach Hal und Sidra Stone handelt es sich bei dem «inneren Kritiker» (wie sie ihn nennen) im Grunde genommen um einen Hilferuf. Der innere Kritiker sagt Ihnen, daß Sie tief besorgt sind darüber, was Sie tun, fühlen oder denken. Er befürchtet, daß Sie sich schrecklich blamieren könnten. Er hat die Erniedrigungen, Ängste und Qualen Ihrer Kindheit nicht vergessen und will Sie nun davon abzuhalten, etwas zu tun, was Sie bereuen würden.

Wenn Sie sich klarmachen, daß der innere Saboteur ein Teil Ihrer Persönlichkeit ist, daß hinter dem unerbittlichen Tyrannen ein verängstigtes Kind steckt, dann verliert er seine Macht. Und wenn Sie begreifen, daß Sie ein erwachsenes Gewissen haben, welches das Steuer in die Hand nehmen und eigene Entscheidungen treffen kann, brauchen Sie den Saboteur und seine ständigen Mahnungen, die so viel mehr schaden als nutzen, nicht mehr. Ihr erwachsenes Gewissen ist reif und wachsam, es beruht auf Logik und Lebenserfahrung.

Das ist die ganze Kunst. Machen Sie sich klar, daß der innere Saboteur wie ein Kind dazu neigt, alles zu übertreiben und zu dramatisieren. Wenn Sie sich über Ihre negativen Gefühle hinwegsetzen und es Ihnen gelingt, Ihren erwachsenen Verstand einzuschalten, können Sie Abstand gewinnen und die Übertreibungen und finsteren Voraussagen des Saboteurs relativieren.

Diese Sicht des inneren Saboteurs als unreifes, verängstigtes Kind, das verzweifelt versucht, sich vor Verletzungen oder Erniedrigungen zu schützen, ermöglicht es Ihrer erwachsenen Seite, auf eine viel reifere und vernünftigere Art und Weise auf sich aufzupassen. Mit Hilfe der Fähigkeiten eines Erwachsenen – Intelligenz, Vernunft, Objektivität und Urteilsvermögen – können Sie eine bewußtere Form von Kontrolle über Ihr Verhalten und Ihr Leben gewinnen. Möglicherweise gehört dazu, organisierter, strukturierter und disziplinierter zu werden und sich mehr um sich selbst zu kümmern. Wer dem verängstigten Kind, das in einem steckt, ein fürsorglicher und aufmerksamer Erwachsener werden kann, dessen erwachsene Seite kann eine Reihe der Funktionen des inneren Saboteurs übernehmen – aber auf eine sehr viel reifere Art und Weise.

10. Kapitel

Gut mit mir selber umgehen

«... das Gefühl – und die Überzeugung – stärken, daß Sie es wert sind, gut behandelt zu werden.»

Eine wichtige Übung, wenn Sie dahin kommen wollen, sich selbst anzunehmen: Hören Sie auf, sich so erbarmungslos zu schikanieren und kein gutes Haar an sich zu lassen, und fangen Sie an, sich gut zu behandeln. Beginnen Sie damit, etwas schonender und fürsorglicher mit sich umzugehen. Wir wissen alle, worauf wir dabei achten sollten, verlieren es aber manchmal aus den Augen, vor allem, wenn es uns schlecht geht. Schonend mit sich umgehen heißt:

- essen, was einem schmeckt und gut für einen ist,
- für ausreichende Ruhe und Bewegung sorgen,
- nichts tun, was man eigentlich nicht will oder was einem nicht gut bekommt,
- sich Zeit und Raum für Erholung und Entspannung im Alltag nehmen.

Überlegen Sie dann weiter, mit welchen kleinen Dingen Sie sich den ganzen Tag über das Gefühl verschaffen könnten, etwas Besonderes, ein liebenswerter Mensch zu sein. Machen Sie sich z.B. selbst Komplimente wegen Ihres Aussehens, wegen einer Leistung oder wegen eines Gedankens oder eines Gefühls. Verwöhnen Sie sich im Laufe des Tages immer wieder einmal mit einer netten Kleinigkeit. Dafür müssen Sie nicht unbedingt Geld ausgeben. Aber wenn Sie es sich leisten können, etwas zu kaufen, was Sie schon lange gerne gehabt hätten, sich aber bislang versagt haben, weil Sie meinten, es nicht zu verdienen – *gehen Sie los und geben Sie ein paar Mark für sich aus. Sie sind es wert.* (Irgendwann werden Sie mir das glauben.) Aber wenn ich von Verwöhnen spreche, meine ich vor allem Sachen wie die folgenden:

- sich eine Kanne Tee kochen und sich in die Frühlingssonne setzen, um die erblühende Natur zu betrachten,
- ein Buch lesen, das man sich bis jetzt nicht erlaubt hat, weil man es für nicht anspruchsvoll genug gehalten hat,
- bei Kerzenlicht zu Abend essen,
- ein ausgedehntes heißes Bad nehmen,
- einen Strauß Blumen pflücken und ihn so hinstellen, daß man ihn als erstes sieht, wenn man morgens die Augen öffnet.

Wahrscheinlich ist Ihnen mittlerweile klar, worauf alle diese Vorschläge hinauslaufen: Es sind ausschließlich kleine Dinge, Äußerlichkeiten, die jedoch alle zusammen das Gefühl – und die Überzeugung – stärken, daß Sie es wert sind, gut behandelt zu werden. Und lassen Sie nicht einen Moment zu, daß Sie sich schuldig fühlen, weil Sie sich diese Dinge gönnen.

Wenn Sie lernen wollen, gut mit sich umzugehen, müssen Sie auch aufpassen, sich nicht für andere aufzuopfern. Menschen, die zu Depressionen neigen, neigen auch zu Schuldgefühlen. Und um diese Schuldgefühle abzubauen, tun sie viel, um nicht «egoistisch» (das, was sie dafür halten) zu sein oder auch nur zu erscheinen. Ihr ganzes Bestreben ist darauf gerichtet, andere glücklich zu machen – die eigenen körperlichen und emotionalen Bedürfnisse kommen dabei meist zu kurz. Aber diese Selbstverleugnung vergrößert die innere Qual noch und führt dazu, daß man eigentlich gar nicht mehr wirklich offen für andere sein kann. Wer zuviel von sich gibt, riskiert es, psychisch und physisch zu verhungern. Selbstaufopferung in dieser Größenordnung bedeutet letztendlich, sich nur um sich selbst zu drehen, und verschärft dadurch Probleme, mindert die Selbstachtung, ruft Schuldgefühle hervor und führt dazu, daß man sich selbst zerstört. Wenn es Ihnen schlecht geht und Sie nicht besonders gut zurechtkommen, haben Sie vielleicht Schuldgefühle wegen Ihrer psychischen Verfassung, wegen der Last, die Sie anderen aufbürden, und wegen der Ansprüche, die Sie stellen. Daraus kann die Tendenz entstehen, wieder «normal» sein zu wollen und zu versuchen, diesen «Egoismus» durch noch mehr Selbstaufopferung wieder wettzumachen. Aber die Vernachlässigung der eigenen Bedürfnisse führt zu noch größerer Erschöpfung und innerer Leere. Und die Depressionen bleiben nicht nur bestehen, sie werden möglicherweise noch schlimmer.

Diese Neigung zu übermäßiger Kompensierung von Schuldgefühlen beobachte ich besonders häufig bei Müttern kleiner Kinder, die einen Hang zum Perfektionismus haben und kulturell darauf «programmiert» sind, die eigenen Bedürfnisse weit hinter die ihrer Familie zurückzustellen. In diesem Ausmaß für andere da zu sein erfordert viel Energie – Energie, die jemand, der depressiv ist, einfach nicht hat. Hinzu kommt, daß sich die «Nutznießer» dieser Selbstaufopferung oft unwohl fühlen und selbst Schuldgefühle bekommen oder aber nicht das Maß an Dankbarkeit an den Tag legen, das der «Wohltäter» bewußt oder unbewußt erwartet. Dies führt dann bei diesem zu Verbitterung, Aggressionen und einer großen inneren Leere und Erschöpfung.

Wenn Sie sich gut behandeln und das Gefühl haben, daß zumindest einige Ihrer eigenen Bedürfnisse erfüllt werden, wird es Ihnen besser gehen und Sie werden für andere da sein, weil Sie es wirklich wollen und nicht, um ihnen zu beweisen, daß Sie nicht egoistisch sind.

Ein wichtiger Schritt dahin, fürsorglich mit sich umzugehen, besteht darin, herauszufinden, wo die eigenen Bedürfnisse liegen, und sich davon zu überzeugen, daß man ein Recht auf ihre Erfüllung hat. Sie haben ein uneingeschränktes Recht auf Gemeinschaft, Liebe, Lachen und Schönheit in Ihrem Leben ebenso wie auf Essen, Schutz und Kleidung. Zu viele unbefriedigte Bedürfnisse führen zu innerer Leere, Verbitterung und chronischer Unzufriedenheit. Aber es ist nicht unbedingt leicht, zu merken, was man überhaupt für Bedürfnisse hat. Oft sind diese durch all die äußeren Pflichten und Erwartungen unkenntlich geworden. Vielleicht meinen Sie, kein Recht auf die Erfüllung bestimmter Bedürfnisse zu haben, oder Sie gestehen sich diese nicht ein – aus der Angst heraus, sowieso nicht zu bekommen, was Sie wollen. Manchmal schützt man sich dadurch vor Enttäuschung, daß man die eigenen Bedürfnisse und Wünsche gar nicht erst äußert. Aber zu viele Bedürfnisse zu unterdrücken führt zu innerer und äußerer Verarmung. Die Gefühle stumpfen ab, und man gerät in einen Zustand dumpfer Resignation, der positive Erfahrungen und die Entwicklung befriedigender Beziehungen so gut wie unmöglich macht.

11. Kapitel

Das Positive hervorheben

«Lernen Sie, Ihre Aufmerksamkeit gezielt auf (die) positiven Dinge zu richten.»

Den meisten Menschen, die in einer Depression stecken, fällt es schwer, die Energie oder Begeisterung für Veränderungen aufzubringen. Auch in der Depression kann man jedoch aktiv etwas tun, um sich weniger auf das Negative und mehr auf das Positive zu konzentrieren. Dazu muß man bestehende «schlechte Denkgewohnheiten» abbauen.

Neigen Sie dazu, negativ zu denken? Haben Sie schon einmal überlegt, ob es vielleicht sein kann, daß Sie eigentlich ganz gern die Dinge schwarz in schwarz malen? Depressive Gefühle sind Ihnen vielleicht vertraut geworden, und Sie haben sich damit abgefunden, das Leben als Jammertal zu sehen. Wenn es Ihnen dann tatsächlich einmal gut geht, können Sie Ihren Gefühlen meist nicht ganz trauen. Vielleicht ertappen Sie sich sogar bei dem Gedanken: «Es macht mich richtig nervös, das alles so glatt läuft. Ich frage mich, wie lange das wohl gutgehen wird», oder «Ich weiß gar nicht, wie mir geschieht. Es klappt einfach *zu* gut.» Es ist, als wären negative Gefühle die Regel und positive die Ausnahme. Die grundlegende Erwartung ist, daß einem nur Negatives widerfährt oder – im besten Fall – Neutrales. Gute Zeiten sind flüchtig, vergänglich, auf sie darf man sich nicht verlassen. Wenn mir ein derartig negativ eingestellter Mensch sagt: «Es kann mir doch nicht immer gut gehen!», entgegne ich: «Wieso eigentlich nicht?» Viele negativ denkende Menschen merken gar nicht, wie sehr sie mit ihren miesen Gefühlen verwachsen sind. Immerhin kann es ja, wenn man ganz am Boden liegt, nur bergauf gehen, stimmt's? Wer dagegen hoch oben ist, der kann tief fallen, und es ist nur eine Frage der Zeit, bis es soweit ist. Wer sich ständig mit solchen Gedanken herumschlägt, für den kommt es nicht in Frage, auch nur das kleinste Risiko einzugehen. Und wenn er ganz unten ist, denkt er womöglich: «Jetzt, wo ich nichts mehr vom Leben erwarte, kann mir auch nichts mehr passieren.»

Wenn es Menschen, die zu Depressionen neigen, einmal nicht schlecht geht, verwenden sie viel Zeit und Energie darauf, nach irgendeinem Unglück Ausschau zu halten, anstatt ihre gute Stimmung zu hegen und zu pflegen. In ihrer Angst, nicht zu wissen, wann «es» passiert, gehen sie manchmal soweit, das gefürchtete Unglück selbst herbeizuführen. Oder sie ersticken ihre guten Gefühle – aus Angst, sie zu verlieren – indem sie sich verzweifelt an sie klammern. Und wenn sie dann wieder unten sind, sagen sie häufig: «Da sieht man es mal wieder: Es lohnt sich einfach nicht, glücklich zu sein!» Und dann sind da noch die Leute, die sich darin gefallen, irgendwelche Katastrophen zu prophezeien. Sie wissen schon, was für eine Sorte Leute ich meine: «Meine Großmutter hatte auch so einen Leberfleck am Bein. War Krebs. Drei Monate später war sie tot.»

Wenn es einem schlecht geht, ist häufig die Versuchung groß, sich ganz seinen negativen Gefühlen hinzugeben und in Selbstmitleid zu versinken. Eine gute Strategie, um nicht ständig darüber nachzugrübeln, wie schlecht alles ist, besteht darin, etwas außer Haus zu unternehmen: einen Freund zu besuchen, ins Kino zu gehen, ein bißchen einzukaufen. Sind Sie allein, können Sie das fruchtlose Grübeln stoppen, indem Sie sich eine Arbeit vornehmen oder sich zu körperlicher Bewegung zwingen, bei der Sie nur wenig nachdenken müssen. Oder Sie beschäftigen sich gedanklich mit etwas, was nichts mit Ihren Sorgen und Problemen zu tun hat. Sie könnten beispielsweise einen Science-fiction-, Liebes- oder Kriminalroman lesen, ein Kreuzworträtsel lösen oder ein Puzzle legen oder sich an eine interessante Bastelarbeit machen.

Mit diesen Vorschlägen will ich Sie keinesfalls davon abhalten, sich mit Ihren persönlichen Problemen oder anstehenden Entscheidungen zu befassen. Aber depressive Menschen haben eine Tendenz, sich ausschließlich auf das Negative zu konzentrieren und die

Gedanken ständig um Schwierigkeiten, Schuldgefühle, Frustrationen, Verluste, vergangene Blamagen, unerledigte Aufgaben und unterdrückte Aggressionen kreisen zu lassen. Bewußt Abstand zu negativen Gedanken und Gefühlen zu gewinnen hat nichts mit Verdrängung zu tun, sondern bedeutet nur eine Veränderung des Blickwinkels. Im Idealfall hat Ablenkung durch eine Aktivität die gleiche Wirkung wie ein kurzer Urlaub. Man gönnt seinem Kopf eine Erholungspause, in der er über nichts Besonderes nachdenken muß. Und wenn Sie sich dann wieder ins Getümmel stürzen, sieht vielleicht manches nicht mehr ganz so schwierig, hoffnungslos oder unmöglich aus. Auch wenn sich an der Lage selbst nichts Entscheidendes geändert hat: Nach einer Ruhepause ist sie wahrscheinlich wieder leichter zu ertragen. Immer wenn Ihre Gedanken abdriften und um Negatives zu kreisen beginnen, stoppen Sie sie und konzentrieren Sie sich auf etwas Positives, etwas, das nichts mit Ihren Problemen und Schwierigkeiten zu tun hat.

Versuchen Sie, sich schon beim Aufwachen positiv auf den Tag einzustimmen, der vor Ihnen liegt. Erinnern Sie sich an schöne Erlebnisse und denken Sie an etwas, worauf Sie sich freuen können. Zerbrechen Sie sich nicht schon beim Aufwachen über Probleme den Kopf. Bemühen Sie sich auch, sich von den Dingen abzulenken, die auf Sie zukommen und die Ihnen Angst machen; Sie würden sich wahrscheinlich doch nur in Ihre Angstgefühle hineinsteigern. Überlegen Sie statt dessen ganz gezielt, welche Dinge Sie an dem vor Ihnen liegenden Tag mit ziemlicher Sicherheit genießen werden. Wenn es gar nichts Schönes in Ihrem Tagesablauf gibt, denken Sie sich ein paar Sachen aus, mit denen Sie sich ein wenig verwöhnen könnten. Es spricht nichts dagegen, sich selbst mit netten Kleinigkeiten bei Laune zu halten. Fast ständig haben wir es im Leben mit unangenehmen Dingen zu tun: lästige Aufgaben, die zu erledigen sind, trübe und schwierige Situationen, denen man sich gegenübersieht, Konflikte mit anderen Menschen usw. Aber bei genauerem Hinsehen finden sich immer ein paar positive Dinge, die man tun kann, über die man nachdenken kann oder die einfach auf einen warten. Lernen Sie, Ihre Aufmerksamkeit gezielt auf diese positiven Dinge zu richten. So können Sie sich beispielsweise beim Frühstück entweder über eine berufliches Problem den Kopf zerbrechen oder aber sich darauf konzentrieren, wie gut Ihr Frühstücksei schmeckt und wie schön blau der Himmel ist. Manchmal ist es auch ganz hilfreich, einfach seiner Fantasie freien Lauf zu lassen und sich über ein paar anscheinend unrealistische Ziele Gedanken zu machen, die man gerne erreichen würde. Aber sind diese Ziele tatsächlich so unrealistisch? Gibt es nicht doch eine Möglichkeit, den einen oder anderen kühnen Traum zu verwirklichen?

Wenn Sie sich einmal fragen, was für ein Leben Sie gern führen würden, und dann feststellen müssen, daß die Realität vollkommen anders aussieht, sollten Sie vielleicht einige Veränderungen ins Auge fassen. Sich in eingefahrenen Bahnen zu bewegen kann sehr bequem sein – aber das sind Särge auch! Mit ein bißchen Übung können Sie lernen, es sofort zu merken, wenn Ihre Gedanken um Negatives zu kreisen beginnen, und sich dann sofort auf etwas anderes zu konzentrieren.

Jeder von uns hat Seiten, die wie helle, sonnige Zimmer, und andere, die wie kleine, enge Kammern sind, wo es dunkel und muffig ist. Wenn Sie feststellen, daß Sie sich wieder ganz auf negative oder deprimierende Gedanken einschießen, konzentrieren Sie sich bewußt auf einen anderen Gedanken. *Niemand ist gerne in einem dunklen Raum voller schlechter Erinnerungen – erlauben Sie sich nicht, in einem negativen Gefühl zu verharren oder sich endlos mit Ihren Schattenseiten zu beschäftigen.*

Durch Erfahrung und sorgfältige Selbstbeobachtung können Sie lernen, die Anzeichen einer beginnenden Depression zu erkennen. Sie können ein Gespür für das vage Unbehagen, das «ungute Gefühl» entwickeln, das man hat, ehe man in eine depressive Stimmung verfällt. Auch Menschen, die erst einmal angeben, daß es bei ihnen überhaupt keine Warnsignale gibt, können lernen, die psychischen und physischen Veränderungen, die sich vor dem Einsetzen einer Depression einstellen, wahrzunehmen. Dazu können gehören:

- Enttäuschtsein von sich selbst oder anderen,
- das Gefühl, von niemandem gemocht zu werden,
- Schuldgefühle,
- Erschöpfung,

- innere Leere und

- erhöhte Verletzbarkeit.

An diesem Wendepunkt können Sie sich nun sagen: «Ach, was soll's,» und sich in die Depression hineinfallen lassen, *oder* Sie können die Warnsignale nutzen und mit Hilfe aller Ihnen zur Verfügung stehender Mittel gegen die negative Stimmung ankämpfen, ehe sie so stark wird, daß Sie von ihr überwältigt werden. Über Jahre hinweg haben Sie sich immer wieder dagegen entschieden, der Depression etwas entgegenzusetzen, und sich gesagt: «Ich habe einfach nicht die Energie, dagegen anzugehen», oder «Ich bin so ein Versager, ich kann ruhig wieder in das Höllenloch zurückkriechen, wo ich hingehöre», oder «Die Leute sollen ruhig merken, was für ein schweres Leben ich habe.» Wenn Sie es satt haben, immer wieder in Depressionen zu verfallen – und das haben sicher die meisten Betroffenen – dann gibt es eine ganze Reihe von Dingen, die Sie tun können, um dieses Reaktionsmuster zu verändern.

Was kann ich langfristig tun?

Ist die depressive Phase überstanden, kehrt Ihr Tatendrang zurück und Sie fühlen sich vielleicht in der Lage, einige grundsätzliche Änderungen in Ihrem Leben in Angriff zu nehmen. Einige dieser Änderungen könnten dazu beitragen, Ihre Neigung zu Depressionen deutlich zu verringern. Verglichen mit den kurzfristigen Taktiken, die in den Kapiteln 2 bis 11 dargestellt wurden, bedarf es mehr Zeit, um die im folgenden beschriebenen langfristigen Strategien umzusetzen und in Ihr Leben zu integrieren. Man muß auch mehr Mühe und Ausdauer für diese Strategien aufbringen, weil sie das Erkennen, Analysieren und möglicherweise auch die Veränderung von Überzeugungen, Einstellungen und Reaktionsmustern voraussetzen, die in einem Zusammenhang mit der Anfälligkeit für Depressionen stehen. Auf längere Sicht können kurzfristige Taktiken nichts gegen Depressionen ausrichten, wenn die zugrundeliegenden Gefühle, Vorstellungen und destruktiven Verhaltensmuster die alten bleiben.

Lassen Sie sich von der großen Menge der Vorschläge und Anregungen in diesem Abschnitt nicht einschüchtern. Sie müssen ganz bestimmt nicht *alles* verändern, um zu einem gesünderen Lebensstil zu finden, und Sie können Schritt für Schritt vorgehen. *Denken Sie daran, daß Sie grundsätzlich als Mensch in Ordnung sind;* anfällig für Depressionen sind Sie, weil Sie einige schlechte Gewohnheiten angenommen haben, die Ihr Denken, Ihr Fühlen und Ihr Verhalten anderen gegenüber betreffen. Bestimmt nicht alle Ihre Persönlichkeitseigenschaften tragen zu Ihrer Neigung zu Depressionen bei. Einige Ihrer Eigenschaften müssen nur ein wenig geändert werden, hinter anderen verbergen sich sogar besondere Stärken, die Sie für sich nutzen können. Wenn Sie sich zuviel auf einmal vornehmen, kann es leicht geschehen, daß Sie sich überfordern, verzetteln und Ihr Elan schnell erlahmt. Gehen Sie nie mehr als eine Sache auf einmal an, die Sie verändern möchten. Wenn dann ein neues Verhalten nach ein paar Wochen langsam zur festen Gewohnheit wird, ist der richtige Zeitpunkt da, sich an die nächste Veränderung zu machen. Fangen Sie mit Veränderungen an, von denen die schnellsten, stärksten und günstigsten Auswirkungen zu erwarten sind. Wenn Sie aber davor zurückschrecken, bei einem alten, schwierigen Problem anzusetzen, wenden Sie sich zunächst einer weniger bedeutenden Veränderung zu. *Schon kleine, wohlüberlegte Korrekturen können Ihr Leben entscheidend beeinflussen.*

Wenn Sie das Gefühl haben, daß Ihre Depressionen weniger mit Ihnen als Person, sondern eher mit Ihren zwischenmenschlichen Beziehungen zu tun haben, lesen Sie vielleicht zunächst die Kapitel 16 bis 19. *Und wenn Sie glauben, daß sie etwas mit tieferliegenden Problemen zu tun haben, bei denen Sie mit den im folgenden beschriebenen Strategien nicht weiterkommen, sind Sie gut beraten, wenn Sie sich um angemessene professionelle Hilfe bemühen.*

12. Kapitel

Meinen persönlichen Stil ändern

Teile und herrsche.

Was nun folgt, ist vielleicht eine grobe Verallgemeinerung, aber ich will es trotzdem einmal sagen: Die meisten Menschen, die zu Depressionen neigen, sind *sensibel, verletzbar, freundlich, gutherzig, passiv und wenig selbstbewußt.* Wer häufig unter Depressionen leidet, neigt dazu, *hohe Ansprüche an sich zu stellen* und *hart mit sich ins Gericht zu gehen, sich der Gefühle seiner Mitmenschen sehr bewußt zu sein* und *viel Wert darauf zu legen, welche Meinung andere von ihm haben.* Viele dieser Eigenschaften werden als positiv betrachtet und machen in ihrer Gesamtheit ein – im traditionellen Sinn – wohlerzogenes, gemeinschaftsfähiges Individuum aus. Aber gleichzeitig stehen sie auch in einem engem Zusammenhang zur Anfälligkeit für Depressionen.

Es ist möglich, etwas gegen diese Anfälligkeit zu tun, indem man seinen persönlichen Stil verändert. Aber ehe Sie nun anfangen, an Ihrer Persönlichkeit herumzudoktern, stellen Sie sich die folgenden Fragen:

• Welche Eigenschaften schätze ich bei mir selbst am meisten?

• Welche Eigenschaften schätze ich bei anderen am meisten?

• Welche Eigenschaften machen für mich die ideale Persönlichkeit aus?

Nehmen wir einmal an, Sie mögen an sich selbst, daß Sie freundlich und rücksichtsvoll sind, bekommen aber von anderen zu hören, Sie müßten «härter» und «selbstbewußter» werden. Heißt das nun, daß

Sie nur dann Ihre Persönlichkeit verändern können, wenn Sie Dinge aufgeben, die Sie eigentlich sehr an sich schätzen? Lassen Sie sich versichern, daß Sie nichts tun müssen, was nicht mit Ihrem Charakter oder Ihren Wertvorstellungen vereinbar wäre, um Ihren persönlichen Stil zu verändern. Wenn Sie Ihre Anfälligkeit für Depressionen abbauen möchten, ist es sehr wichtig zu lernen, *Ihr Verhalten ganz gezielt auf die jeweiligen Bedingungen abzustimmen.* Die Entwicklung dieser Fähigkeit wird es Ihnen ermöglichen, diejenigen Eigenschaften Ihres Charakters, die Ihnen am wichtigsten sind, zur vollen Entfaltung zu bringen.

Viele Menschen mit einer Neigung zu Depressionen verhalten sich so, daß sie von anderen für einfühlsam, rücksichtsvoll und friedfertig gehalten werden. Natürlich sind dies löbliche menschliche Eigenschaften. Jedoch ist der Wert einer bestimmten Charaktereigenschaft immer auch von den Erfordernissen der jeweiligen Situation abhängig. *Jede* Eigenschaft kann, wenn sie unangemessen eingesetzt wird, negative Auswirkungen haben. Gegenüber dem Partner ist es beispielsweise vollkommen richtig, offen, sensibel und liebevoll zu sein. Wer aber *immer* offen, sensibel und liebevoll ist, bekommt mit Sicherheit Probleme, wenn er es beispielsweise mit einem unverschämten Verkäufer zu tun hat. Manche Situationen verlangen ein entschlossenes und selbstsicheres Auftreten – und Verkäufern, die besonders unverschämt vorgehen, sollte man ruhig zeigen, was eine Harke ist.

Wenn Sie immer nett und rücksichtsvoll sind, wissen Sie vermutlich selbst nur zu gut, daß Sie mit diesen persönlichen Eigenschaften bei einigen Leuten – den weniger netten und rücksichtsvollen – nicht weit kommen. Es ist *eine* Sache, nett und rücksichtsvoll zu sein – eine *andere* Sache ist es dagegen, sich immer alles gefallen zu lassen; es ist *eine* Sache, offen und ehrlich zu sein – eine *andere* Sache ist es, gefährlich blauäugig zu sein und ständig anderen, die nicht so offen und ehrlich sind, auf den Leim zu gehen.

Ich möchte noch eine Verallgemeinerung wagen: Die meisten Menschen, die ich kenne und die einen starken Willen haben, aktiv, entschlossen, selbstbewußt und direkt sind, neigen *nicht* zu Depressionen. Es ist falsch, diese Persönlichkeitseigenschaften – wie es oft getan wird – mit Gefühlskälte und Rücksichtslosigkeit gleichzusetzen. Ich kenne viele Leute, die man durchaus als hartgesotten bezeichnen könnte – Leute, die sich nicht unterkriegen lassen und einen starken Charakter haben –, die aber auch einfühlsam und freundlich sein können. Es gibt Menschen, die zäh sind und für Ihre Rechte kämpfen – und trotzdem viel Verständnis und Mitgefühl für andere zeigen.

Dagegen sind viele Leute, die ich als «dünnhäutig» beschreiben würde – d. h., die sehr verletzbar sind oder schnell beleidigt reagieren – auf der anderen Seite so unsensibel wie ein Holzklotz. Und manche dieser mimosenhaften Leute haben überhaupt kein Gefühl für die Bedürfnisse anderer. Möglicherweise hat dies damit zu tun, daß sie schlecht behandelt und ausgenutzt worden sind und sich emotional zurückgezogen haben, um sich selbst zu schützen.

Überlegen Sie einmal: Werden direkte und offene Menschen nicht manchmal als aggressiv und rücksichtslos hingestellt? Und ist das nicht ein Vorurteil? Oft ist nämlich genau das Gegenteil der Fall. Wer offen und ehrlich mit anderen umgeht, ist im allgemeinen auch *empfänglicher* und *weniger defensiv* in seiner Kommunikation. Und wenn es die Situation verlangt, kann er daher oft auch mehr Verständnis und Mitgefühl aufbringen als jemand, der stets darum bemüht ist, seine Gefühle im Zaum zu halten, weil er auf jeden Fall «nett» sein will. Ein anderer häufig anzutreffender Irrglaube über Persönlichkeitseigenschaften betrifft die Unterscheidung zwischen «Gefühlsmenschen» und «Kopfmenschen». Wer viel Wert auf Gefühl und Sensibilität legt, unterschätzt oft die Vorzüge von Vernunft und Logik. Manchmal geht das so weit, daß alle vernünftigen Menschen als «Rationalisierer» oder als kalt und gefühllos betrachtet werden. *Dabei ist es durchaus möglich, viel Wert auf Gefühle und Emotionen zu legen, ohne gleich zu vergessen, daß man auch einen Kopf hat.* Außerdem sollte man sich klarmachen, daß die Überwindung einer Depression durchaus auch einiges an rationalem Denken verlangt. Erst dieses Denken versetzt uns in die Lage, falsche Wahrnehmungen zu objektivieren, uns von verwirrenden Gefühlen zu distanzieren und systematisch unser Verhalten zu verändern.

Wenn wir eine Tendenz zu Schubladendenken (jemand ist *entweder* Kopf- *oder* Gefühlsmensch) haben, neigen wir oft auch zu Alles-oder-Nichts-Denken: Wenn wir beispielsweise jemanden als direkt und geradeheraus erleben, meinen wir, dieser Mensch sei *zu allen Zeiten* und *in allen Situationen* direkt und geradeheraus. Gesunde, reife Menschen müssen jedoch über ein breites Spektrum von möglichen Reaktionen und Verhaltensweisen verfügen. *Und es ist nicht gesagt, daß wir uns nach außen stets so zeigen müssen, wir uns im Inneren fühlen.* Es muß keine völlige Übereinstimmung herrschen zwischen unseren Gefühlen und dem Verhalten, das die Situation erfordert. Ich halte es für wichtig, zu begreifen, daß eine gewisse Diskrepanz zwischen dem äußeren Verhalten und dem inneren Gefühl nicht unbedingt etwas mit Heuchelei zu tun hat, sondern eine Fähigkeit ist, die unser Überleben sichert.

Wenn Sie beispielsweise den Eindruck haben, von jemandem übervorteilt zu werden, müssen sie sich nicht unbedingt vollkommen sicher *fühlen*, um sich effektiv zur Wehr zu setzen; sie müssen nur entschlossen und einigermaßen selbstbewußt *wirken*. Legen Sie sich bei Ihren ersten Versuchen, Ihr Verhalten in einigen Aspekten zu ändern, nicht selbst gleich wieder Steine in den Weg, indem Sie sich Dinge sagen wie: «Ich bin aber unehrlich, wenn ich mich nicht so gebe, wie ich wirklich bin.»

Mit neuen Gefühlen, Wahrnehmungen und Verhaltensweisen zu experimentieren ist immer mit einem gewissen Ausmaß an Unbehagen und Zweifel verbunden. Alles was wir tun – vom Radfahren bis hin zum Trösten eines trauernden Freundes – kommt uns zu Anfang schwierig und vielleicht irgendwie unnatürlich vor. Jede Veränderung – ob es nun um einen wichtigen Aspekt Ihrer Persönlichkeit oder nur eine kleine Facette Ihres Denkens und Fühlens geht – kann zunächst als ungeheuer große Aufgabe erscheinen. Aus diesem Grund empfiehlt sich die *«Teile-und-herrsche-Taktik»: Unterteilen Sie die Veränderung, die Sie anstreben, in kleine Teilbereiche, d. h. einzelne Verhaltensweisen und spezifische Fertigkeiten.*

Diese Taktik läßt die Veränderungen von Persönlichkeitseigenschaften weniger schwierig erscheinen. Ein sehr allgemeines und hochfliegendes Ziel wie «Ich möchte selbstbewußter werden» erscheint kaum erreichbar, wenn es nur als Ganzes, als fertiges Endprodukt gesehen wird. Mit wenigen *einzelnen Verhaltensweisen* anzufangen, und diese dann weiter auszubauen, sobald man sie einigermaßen sicher beherrscht, ist ein viel vernünftigeres Vorgehen bei der «Renovierung» eines bestimmten Teils unserer Persönlichkeit.

Seien Sie auf der Hut vor bestimmten Denkfehlern, die ziemlich weit verbreitet unter Menschen sind, die zu Depressionen neigen: dem Alles-oder-nichts-Denken und der negativen Selbstetikettierung.

Machen Sie nicht den Fehler zu sagen: «*Entweder* ich werde eiskalt, *oder* ich lasse mich von allen ausbeuten» oder «*Entweder* ich verlasse mich auf mein Gefühl, *oder* ich werde zu einem herzlosen Roboter.» Ein solches Denken macht es sehr schwer, sich auf die Veränderung spezifischer Verhaltensweisen zu konzentrieren.

Außerdem sollten Sie Ihre Persönlichkeitseigenschaften weniger als fest in Ihrer Seele verankerte *Charakterzüge* betrachten, sondern sich stärker auf einzelne Verhaltensweisen konzentrieren, die gemeinsam eine Eigenschaft ausmachen. Einige dieser Verhaltensweisen können Sie tatsächlich anfällig für Depressionen machen, während andere Verhaltensweisen Ihnen dabei helfen, Ihr Leben zu meistern. Arbeiten Sie vor allem an denjenigen Aspekten Ihres Verhaltens, die Sie anscheinend besonders anfällig für Depressionen machen. Durch die Konzentration auf *spezifische Verhaltensweisen* gehen Sie der Gefahr aus dem Weg, sich pauschale Eigenschaften (wie z. B. «wankelmütig») zuzuschreiben und diese als naturgegeben und unabänderlich zu betrachten: «So bin ich eben.» Versuchen Sie, sich nicht selbst in irgendwelche Schubladen zu stecken; sehen Sie Ihre Probleme als Ausdruck mangelnder – aber prinzipiell erlernbarer – Fähigkeiten an, und nicht als grundlegende «Charakterfehler». Dies wird Sie in die Lage versetzen, Lösungen zu sehen und Möglichkeiten zum Dazulernen zu erkennen oder zu schaffen. Anstatt sich also als «wankelmütig» abzustempeln, sollten Sie sich selbst als jemand betrachten, dem es – zumindest im Moment noch – an Fähigkeiten fehlt, die man braucht, um klare Entscheidungen zu treffen. Oder anstatt sich als «schüchtern» zu bezeichnen, fragen Sie sich lieber, welche Fähigkeiten Ihnen fehlen, um sich anderen gegenüber zu behaupten.

Um Fähigkeitsdefizite zu überwinden, ist es hilfreich, sich bestimmte *Einstellungen* bewußt zu machen, die möglicherweise zu den Schwierigkeiten, die man auf einem Gebiet hat, beitragen. Da-

bei handelt es sich vielfach um grobe und falsche Verallgemeine-
rungen, die menschliches Verhalten betreffen: «Einmal extrovertiert, immer extrovertiert», «Irgendwo bleibt man doch immer der,
der man ist», und «Manche Menschen sind einfach geborene Verlie-
rer, mögen sie sich noch so abstrampeln.» Oder man meint, nichts
gegen seine «Charakterfehler» ausrichten zu können: «Ich bin eben
von Natur aus schüchtern», oder «Ich bin immer schon so ein Chaot
gewesen.»

Manche dieser falschen Einstellungen scheinen sogar eine Art
Eigenleben zu entwickeln. Oft wurden sie Jahre zuvor verinnerlicht
und dann fast vergessen. Zu einer bestimmten Zeit in unserem Leben waren sie vielleicht nützlich und angemessen: «Teile immer»
(deine Spielsachen); «Nimm immer Rücksicht auf andere» (Trete
bloß nicht noch mal deinen Freund). Wenn Sie sich aber heute fragen, wieso Sie eine bestimmte Sache so und nicht anders machen,
fällt Ihnen vielleicht keine andere Antwort ein als: «Weil ich es
immer so gemacht habe.» Wahrscheinlich hätten Sie «kein gutes
Gefühl», wenn Sie es nun anders machten. Aber wenn Sie wirklich
bestimmte Aspekte Ihres persönlichen Stils verändern wollen, *müssen* Sie ein paar Dinge anders machen. Nach einer gewissen Zeit
werden sich Ihre neuen Verhaltensweisen verfestigen und zu einem
vollkommen selbstverständlichen Bestandteil Ihres Lebens werden.

Warten Sie nicht so lange, bis Sie das Gefühl haben, für die
neuen Fähigkeiten und Verhaltensweisen bereit zu sein – das Leben
ist viel zu kurz, um Verbesserungen und Schritte in die richtige
Richtung auf die lange Bank zu schieben.

13. Kapitel

Aktiv etwas für mein Selbstwertgefühl tun

Manche Leute verbringen viel Zeit damit, ihr Auto zu hegen und zu pflegen – ihr Selbstwertgefühl dagegen, so glauben sie, bliebe schon von allein «in Schuß». Manche Menschen scheinen der Meinung zu sein, daß sie überhaupt keinen Einfluß auf ihr Selbstwertgefühl haben. In ihren Augen entscheidet nicht die Art zu leben, sondern Veranlagung, Umwelt, Zufall oder Schicksal darüber, wie selbstbewußt jemand ist. Und daher ist das Selbstwertgefühl für sie etwas Vorherbestimmtes und Unabänderliches: Entweder man hat es, oder man hat es nicht. *Dies ist jedoch nicht wahr.*

Selbstwertgefühl ist nicht einfach die Summe verschiedener Erfahrungen, die wir im Laufe der Zeit machen, anderseits ist es auch kein Himmelsgeschenk, das gar nichts mit unserem täglichen Leben zu tun hat. Einfach ausgedrückt, ist Selbstwertgefühl Stolz auf sich selbst und Respekt vor einem selbst. Und wir tun etwas für unser Selbstwertgefühl, *wenn wir aufhören, ständig an uns herumzukritisieren, wenn wir Ausschau halten nach positivem Feedback von anderen und wenn wir selbst alles tun, was wir können, um uns moralisch aufzubauen.*

Voraussetzung für die Arbeit am eigenen Selbstwertgefühl ist eine ehrliche und sorgfältige Auseinandersetzung mit sich und seinem Leben. Leiten lassen kann man sich dabei vielleicht von dem bekannten «Gelassenheitsgebet»:

Gott gebe mir
die Gelassenheit, zu akzeptieren, was ich nicht ändern kann,
den Mut, zu ändern, was ich ändern kann,
und die Weisheit, das eine vom anderen zu unterscheiden.

Um zu schaffen, was einem das Gelassenheitsgebet empfiehlt, muß man sich Zeit nehmen und sich ausgiebig mit seinen persönlichen Eigenschaften, Ressourcen, Lebensumständen und Fähigkeit beschäftigen. Darüber hinaus muß man – nach dem Prinzip von Versuch und Irrtum – mit neuen Verhaltensweisen und Veränderungen experimentieren. Das bedeutet viel Mühe, die sich aber am Ende lohnt!

Es gibt viele konkrete Dinge, die man tun kann, um ein positiveres Selbstkonzept aufzubauen und dadurch sein Selbstwertgefühl zu stärken. Anfangen könnte man z. B. mit den folgenden:

- Erstellen Sie eine Liste mit Ihren persönlichen Stärken und planen Sie dann konkret, auf welche Weise Sie diese Stärken fördern und ausbauen können.

- Setzen Sie sich realistische Ziele, und arbeiten sie jeden Tag daran, diesen ein Stückchen näher zu kommen.

- Befassen Sie sich mit Ihren unterentwickelten oder unerforschten Interessen und Fähigkeiten und stellen Sie einen Plan zu ihrer Verwirklichung auf.

- Ergründen Sie Ihre Bedürfnisse, überlegen Sie, welche davon im allgemeinen zu kurz kommen, und arbeiten Sie bewußt daran, diesen in Ihrem Leben mehr Geltung zu verschaffen.

- Überlegen Sie, was Sie an Ihrer Persönlichkeit und Ihrem Lebensstil verändern wollen, und planen Sie dann, wie sie diese Veränderungen auf den Weg bringen können. Vielleicht bauen Sie sich ein «Lebens-Hilfe-System» auf – bestehend z. B. aus Gruppen Gleichgesinnter (etwa einer Selbsthilfegruppe), Psychotherapie, Kursen, in denen bestimmte Fähigkeiten und Kenntnisse vermittelt werden, und entsprechenden Büchern.

Der Aufbau eines «Lebens-Hilfe-Systems» zur Verbesserung von Selbstkonzept und Selbstwertgefühl erfordert ein breitgefächertes Vorgehen, zu dem es auch gehört, sich realistische Ziele zu setzen und sich besonders auf seine Talente und Fähigkeiten zu konzentrieren. Auch müssen Sie mit der eingefahrenen Gewohnheit brechen, sich selbst ständig zu kritisieren und zu bestrafen. Statt dessen sollten Sie lernen, sich zu loben, und sich darum bemühen, stabile Freundschaften zu mindestens einigen wenigen Menschen aufzubauen, denen Sie etwas bedeuten, die Sie akzeptieren und die bereit sind, Ihnen positive und trotzdem ehrliche Rückmeldung zu geben. Der Aufbau eines solchen Hilfe-Systems mit dem Ziel, sein Selbstwertgefühl zu verbessern, bedeutet, *sein Leben aktiv so zu gestalten, daß ein positives Selbstkonzept entstehen und wachsen kann.*

Der erste Schritt eines «Programms» zur Verbesserung des Selbstwertgefühls besteht in einer eingehenden Beschäftigung mit seinen persönlichen *Stärken*. Welches sind Ihre positiven Seiten, Ihre besonderen Stärken? Viele Leute tun ihre Vorzüge und Fähigkeiten mit einem Schulterzucken ab und kommentieren sie mit Worten wie: «Na ja, ich weiß, ich bin intelligent (oder freundlich oder ehrlich oder habe Humor), *dafür bin ich aber überhaupt nicht diszipliniert* (oder redegewandt oder ordentlich oder selbstbewußt).» Durch die Konzentration auf unsere Schwächen und Fehler schaffen wir denkbar ungünstige Voraussetzungen für die Arbeit an unserem Selbstwertgefühl. Richten Sie doch einmal Ihre Aufmerksamkeit auf das, was Sie alles *können*, anstatt sich ständig unter die Nase zu reiben, was Sie *nicht* können. Manchmal bewegt sich allein dadurch schon etwas, und außerdem können Sie auf diese Weise eine schlechte Denkgewohnheit überwinden. Und haben Sie es erst einmal aus einer Position der Stärke heraus geschafft, sich ein realistisches Bild von sich selbst zu machen – was können Sie dann tun, um ein hohes Selbstwertgefühl zu erlangen und auch *aufrechtzuerhalten*? Natürlich schaffen Sie das nicht, wenn Sie wieder damit anfangen, an sich selbst herumzumäkeln – in diesem Fall wäre die nächste Depression schon vorprogrammiert. Machen Sie statt dessen einen energischen Schritt in Richtung auf ein gesundes Selbstvertrauen, indem Sie die folgenden drei Dinge tun:

- Finden Sie heraus, auf welche Weise genau Sie sich immer wieder selbst herunterziehen. So werden Ihnen beispielsweise mit hoher Wahrscheinlichkeit Gedanken bekannt vorkommen wie: «Ich bin ein fetter Sack», «Ich sehe so alt aus», «Ich bin so häßlich», «Ich lerne das nie», «Ich bin ein Niemand», «Ich bin so unbeliebt», «Ich kriege einfach nichts hin», «Ich habe keinen starken Willen», «Ich bin so selbstsüchtig», «Ich mache alle um mich herum unglücklich», «Ich bin doch ein altes Trampeltier.»

- Ersetzen Sie alle negativen Selbstaussagen – auch die, die «eigentlich gar nicht so gemeint» sind – durch positive Sätze, z. B. «Ich bin so blöd» durch «Ich bin ein kluger und kreativer Mensch» und «Ich bin so unbeholfen» durch «Ich bin geschickt und fähig.»
- Bitten Sie Ihre Mitmenschen um positives Feedback. (Aber machen Sie sich klar: Ehe Sie sich nicht wirklich für Lob und Anerkennung öffnen, werden entsprechende Rückmeldungen bei Ihnen auf taube Ohren stoßen.)

Um positive Rückmeldung zu bitten fällt den meisten von uns nicht leicht; deshalb gehe ich auf diesen Punkt noch etwas genauer ein. Die Tendenz, positive Rückmeldungen von anderen abzublocken, stellt ein großes Hindernis für die Arbeit am Selbstwertgefühl dar. Manche von uns sind äußerst geübt darin, andere davon abzuhalten, ihnen Komplimente zu machen, und positive Gefühle wegzudrängen, die von ganz allein entstehen, wenn man etwas gut gemacht hat.

Komplimente und Dankbarkeitsbekundungen akzeptieren zu können gehört zu den wichtigsten Fähigkeiten, die man zum Aufbau von Selbstwertgefühl braucht. Und wenn ich «akzeptieren» sage, meine ich *die Worte eindringen zu lassen – sie wirklich zu spüren, sich in ihnen zu sonnen, bis man ein warmes und strahlendes Gefühl bekommt.* Wenn Ihnen Bescheidenheit und Selbstlosigkeit so wichtig sind, daß sie sich nicht erlauben können, positives Feedback zu genießen, denken Sie daran, daß *echte* Bescheidenheit auf einer realistischen Bewertung der eigenen Person beruht und daß das Annehmen eines Kompliments eine positive Erfahrung sowohl für Sie als auch für die Person ist, die Ihnen das Kompliment gemacht hat. Selbstherabsetzung ist die Folge von Selbstunterschätzung und *falscher* Bescheidenheit. Und wer sich selbst herabsetzt, wenn man ihm ein Kompliment machen will, kann damit auch sein Gegenüber verunsichern oder sogar kränken.

Aber Komplimente *anzunehmen* ist natürlich nur die eine Seite der Medaille. Eine der besten Möglichkeiten, anderen zu signalisieren, daß man sich über positives Feedback von ihnen freuen würde, besteht darin, selbst großzügig Komplimente zu verteilen. Manchen Menschen scheint es genauso schwer zu fallen, Komplimente zu machen, wie Komplimente anzunehmen. Wir üben «vornehme» Zurückhaltung und gehen viel zu oft davon aus, daß andere schon wüßten, was wir von ihnen denken. Oder wir nehmen an, daß es unserem Gegenüber peinlich wäre, ein Kompliment zu bekommen. Aber jeder Mensch braucht das Gefühl, akzeptiert, bewundert und gemocht zu werden. *Üben Sie, Komplimente zu machen und anzunehmen, auch wenn es Ihnen anfangs etwas schwer fällt.* Spenden Sie anderen ehrliches Lob, wann immer sich die Gelegenheit dazu bietet. Mit der Zeit wird Ihnen das Komplimentemachen ganz in Fleisch und Blut übergehen, und Sie werden sich nicht mehr unwohl dabei fühlen. Die positiven und bestätigenden Reaktionen, die Sie auf Ihre Komplimente und unterstützenden Äußerungen von anderen erhalten, werden Ihnen eine große Hilfe bei der Stärkung Ihres eigenen Selbstwertgefühls sein.

Natürlich kommen Sie auch nicht sehr weit mit dem Aufbau Ihres Selbstwertgefühls, wenn Sie in Ihren Beziehungen zu anderen immer wieder negative Rollen einnehmen. *Geben Sie es auf, sich ständig in die Position des Opfers zu begeben.* Ist es nicht komisch, daß Menschen nur selten auf Dauer etwas tun, was ihnen *körperliche* Schmerzen bereitet, sich aber immer wieder – ohne ersichtlichen Grund – in Situationen begeben, die für sie mit *psychischem* Schmerz verbunden sind? Es ist kaum nachzuvollziehen, wieso sich im Grunde intelligente Menschen wissentlich und mit Absicht immer wieder – und offenbar ohne daß sie etwas davon haben – in eine Opferrolle begeben.

Was also hat man davon, sich zu quälen oder quälen zu lassen, *wo liegt der verborgene Nutzen?* Diese Frage erinnert mich an eine Teilnehmerin einer von mir geleiteten Therapiegruppe, eine geschiedene Frau Mitte Dreißig. Diese Frau war äußerst unglücklich und verzweifelt, sie war sehr von sich und anderen entfremdet und wurde immer wieder von panikartigen Ängsten ergriffen. Außerdem litt sie sehr unter der Furcht, sich vor anderen zu blamieren und gedemütigt zu werden. Aus diesem Grund hatte sie sich immer mehr von anderen abgekapselt. Aber trotz ihrer tiefen Traurigkeit und obwohl sie sehr verzweifelt und verängstigt wirkte, merkte man, daß sie auf eine bestimmte Art ein ganz besonderer Mensch war. Da ich spürte, daß es ihr sehr ernst war mit ihrem Wunsch, sich zu verändern, bat ich sie, sich vor jedes der anderen acht Gruppenmitglieder hinzustellen und jedesmal spontan den Satz zu vollenden: «Wenn ich nicht mehr leiden würde, ...». Ohne zu überlegen, sollte sie aussprechen, was ihr gerade in den Sinn kam. Die acht Sätze, die die Frau bildete, waren äußerst aufschlußreich:

«Wenn ich nicht mehr leiden würde, ...
würde ich mich leer fühlen.»

«Wenn ich nicht mehr leiden würde, ...
würde ich Angst bekommen.»

«Wenn ich nicht mehr leiden würde, ...
würde ich mich wertlos fühlen.»

«Wenn ich nicht mehr leiden würde, ...
hätte keiner mehr Mitleid mit mir.»

«Wenn ich nicht mehr leiden würde, ...
würde ich meine Bescheidenheit verlieren.»

«Wenn ich nicht mehr leiden würde, ...
würde ich für stolz und arrogant gehalten werden.»

«Wenn ich nicht mehr leiden würde, ...
würde ich sexuelles Verlangen spüren. »

«Wenn ich nicht mehr leiden würde, ...
hätte ich den Druck, Erfolg haben zu müssen.»

Mit Hilfe dieser simplen, aber sehr wirkungsvollen Übung gelang es dieser Frau, sich einen großen Teil des «Nutzens», den ihr ihr Leiden und ihr Schmerz einbrachte, einzugestehen und sich damit auseinanderzusetzen. Ihr Schmerz ersparte es ihr, sich mit ihrer Einsamkeit zu befassen, da sie mit ihm ihre innere Leere füllte. Durch ihn hatte sie auch das Gefühl, besondere Beachtung und Mitleid durch ihre Freunde zu verdienen. Außerdem schützte ihr

Schmerz sie vor der Konfrontation mit ihrem unbewußten Überlegenheitsgefühl und den damit verbundenen Schuldgefühlen. Darüber hinaus diente ihr der Schmerz als Ablenkung von sexuellen Bedürfnissen, mit denen sie nicht klarkam. Und schließlich war der Schmerz für sie zur Entschuldigung dafür geworden, daß sie sich an nichts Neues heranwagte und es in ihrem Leben keine Entwicklung gab. Es schien mir ziemlich klar zu sein, daß diese Frau mit Hilfe ihrer Depressionen ihre psychischen Probleme bekämpfte. Manchmal verschaffen Depressionen tatsächlich vorübergehend Erleichterung von Schuldgefühlen und dem Drang, sich selbst zu bestrafen. Und manchmal benutzen Menschen ihre Depression, um sich nicht dem Lebenskampf stellen zu müssen oder sich der kaum erträglichen Last ihrer unrealistischen Erwartungen an sich selbst zu entledigen.

Manchmal werden Depressionen auch – bewußt oder unbewußt – eingesetzt, um andere zu manipulieren. Manche Menschen haben die Erfahrung gemacht, daß sie, wenn sie depressiv sind, andere dazu bringen können, ihnen zu helfen, sich um sie zu kümmern und ihnen das zu geben, was sie sich selbst nicht geben können. Ein depressiver Zustand kann auch ein Schneckenhaus sein, in das man sich verkriecht, um sich vor den Forderungen und Erwartungen anderer Menschen in Sicherheit zu bringen. Manchen Depressiven scheint es zu gefallen, sich unerreichbare Ziele zu stecken. Dies zeigt sich besonders dann, wenn man versucht, sie davon zu überzeugen, daß sie nicht so viel von sich erwarten sollten. Als Antwort geben sie dann oft, sie hätten das Unerreichbare schon erreicht … wenn sie sich nur *ein bißchen* mehr angestrengt hätten. Hierin zeigt sich neben einer Neigung zum Perfektionismus auch eine gewisse Arroganz: «Na, *du* hättest vielleicht nicht so viel von dir erwartet, aber *ich* von mir schon.» Es werden extrem hohe Ziele aufgestellt und angestrebt (und manchmal auch deutlich nach außen hin demonstriert). Man ist stolz darauf, sich Übermenschliches vorzunehmen – und hart mit sich ins Gericht zu gehen, wenn man es nicht erreicht. Glücklich werden kann man auf diese Weise natürlich nicht …

Manchmal geht es soweit, daß die Konzentration auf das eigene Ungemach und das Schwelgen in Selbstmitleid zum Ersatz für die

Freude an Erfolgen und den Genuß der angenehmen Seiten des Lebens werden. Wenn sich Menschen Entspannung, Abwechslung, den Ausdruck von Gefühlen und die Befriedigung über eine gemeisterte Aufgabe versagen, kommt es zu einer Verzerrung und Verkümmerung von emotionalen Bedürfnissen. Das Baden in negativen Gefühlen wird zum Ersatz für das Aufgehen in positiven. Manche Menschen haben so wenig Selbstwertgefühl, daß sie meinen, *nichts* zu verdienen, und deshalb gleich Schuldgefühle bekommen, wenn sie sich doch einmal etwas gönnen. Andere ziehen eine gewisse Befriedigung aus dem Verzicht und fühlen sich ihren «materialistischen, oberflächlichen und selbstsüchtigen» Mitmenschen überlegen.

Wer sich stumpf und leer fühlt, entdeckt vielleicht, daß der Schmerz besser ist als gar kein Gefühl. Schmerz kann scharf und klar sein und einem beweisen, daß man noch am Leben ist und sich noch spüren kann. Und Schmerz kann die große innere Leere füllen, unter der manche Menschen so leiden.

Auch die Überzeugung, über ihr «Martyrium» sich selbst zu finden, treibt manche Menschen dazu, sich immer tiefer in ihr Leid fallen zu lassen. Sie meinen, auf diese Weise sensibler, «tiefer», offener und irgendwie wertvoller zu werden und ihrem Leben einen Sinn geben zu können. Im Grunde handelt es sich bei ihrem Leiden um eine Form von Masochismus. Manchmal hat es auch etwas mit den Beziehungen zu anderen zu tun, wenn Menschen aus ihrem Tief nicht herauskommen. Menschen, die beispielsweise Angst vor Nähe haben, wollen vielleicht lieber bemitleidet als geliebt werden. Ihr Leiden schafft Distanz und erschwert sowohl körperliche als auch emotionale Intimität. Manche Menschen haben aufgrund ihres niedrigen Selbstbewußtseins auch das Gefühl, einfach keine *echte* Liebe zu verdienen, und tun – bewußt oder unbewußt – alles dafür, daß sie auch keine bekommen. Andere sind so schüchtern und zurückhaltend, daß sie meinen, ihren Mitmenschen im Falle eines Konflikts überhaupt nichts entgegenzusetzen zu haben. Aus Angst, verletzt zu werden, ziehen sie sich immer weiter in ihr Schneckenhaus zurück.

Wenn Sie merken, daß Sie – und sei es nur für einen Moment – in die Rolle des Opfers oder Märtyrers schlüpfen, machen Sie sich genau klar, was Sie da tun. Stellen Sie sich die Frage: Will ich wirklich so leben? *(Natürlich nicht!)* Treffen Sie den Entschluß, Ihr Leben so zu gestalten, daß sich diese Rolle einfach nicht mehr für Sie auszahlt. Tun Sie dies, indem Sie

- nicht vergessen, daß selbstauferlegtes Leiden letztlich auch eine Art Egotrip ist,

- andere davon abhalten, Ihnen weiterhin Mitgefühl und Anteilnahme zukommen zu lassen, und Ihnen klarmachen, daß Sie selbst den Grundstein zu Ihrer eigenen Frustration und Enttäuschung legen,

- sich eingehend mit dem Gedanken beschäftigen, daß Sie selbst zumindest zu einem kleinen Teil am Zustandekommen jeder Situation beteiligt sind, in der Sie sich in der Opferrolle befinden (leider können sich viele Menschen nicht von der Vorstellung lösen, hilflose Opfer unkontrollierbarer Umstände zu sein, während sie *selbst* sehr aktiv gegen ihre eigenen Interessen arbeiten).

Machen Sie sich klar, daß nur sehr wenige selbstbewußte, erfolgreiche Menschen durch Glück oder Zufall dahin gekommen sind, wo sie sind. Die meisten Menschen, die sich selbst verwirklichen und ein erfülltes Leben führen (und die Sie deswegen beneiden oder bewundern), haben dafür viel lernen und lange an sich arbeiten müssen.

14. Kapitel

Meine Selbstzweifel vertreiben

«... *daß Lob und Anerkennung von anderen eine Sache ist – und Selbstwertgefühl eine andere.*»

Die meisten kleinen Kinder suchen bei ihren Eltern Bewertung und Bestätigung. Später suchen sie sie dann bei anderen Bezugspersonen wie Geschwistern, Verwandten, Lehrern, Trainern und Beratern. Beim erwachsenen Menschen zeigt sich jedoch ganz deutlich, daß Lob und Anerkennung von anderen eine Sache ist – und Selbstwertgefühl eine andere. Selbstwertgefühl ist nichts, was uns von außen «verliehen» wird, sondern eine Eigenschaft, die in unserem Inneren entsteht und wächst.

Der bekannte Psychiater Silvano Arieti vertritt die Auffassung, daß viele Menschen, die zu Depressionen neigen, aufgrund ihrer persönlichen Geschichte zum Aufbau und zur Aufrechterhaltung eines Selbstwertgefühls von der Bestätigung und der Zuwendung anderer abhängig geblieben sind. Diese Menschen, die im Laufe ihres Heranwachsens kein gesundes Selbstwertgefühl entwickeln konnten, haben tatsächlich ein erhöhtes Depressionsrisiko. Noch als Erwachsene bemühen sie sich um die Anerkennung ihrer Eltern (oder eines Vater- oder Mutterersatzes), um das Gefühl vermittelt zu bekommen, ein wertvoller Mensch zu sein (Arieti & Bemporad, 1983).

Es stimmt, daß viele Menschen, die zu Depressionen neigen, Eltern haben oder hatten, die entweder viel Kritik geübt haben – offene oder versteckte – oder ihre Liebe und Anerkennung von bestimmten Bedingungen abhängig gemacht haben. Wenn Sie sich diese frühen elterlichen Botschaften und Interaktionen bewußt machen, kann dies Ihnen dabei helfen, zu erkennen, auf welche Weise

Sie selbst zu Ihren Selbstzweifeln (und damit auch zu Ihren Depressionen) beitragen. Es scheint nämlich so zu sein, daß sich Erwachsene auf fast dieselbe Art und Weise in Frage stellen, herabsetzen und kritisieren, wie sie von ihren Eltern in Frage gestellt, herabgesetzt und kritisiert wurden. Wenn Ihre Eltern noch leben, versuchen Sie doch einmal, objektiv zu betrachten, mit welchen Worten oder Verhaltensweisen diese bei Ihnen Schuldgefühle oder Selbstzweifel auslösen.

Wer mit Eltern aufgewachsen ist, die ihre Kritik und hohen Forderungen offen und direkt geäußert haben, für den ist es noch relativ leicht, sich der Ge- und Verbote aus seiner Kindheit bewußt zu werden, die heute zu seinen Depressionen beitragen. Sie können für sich die Entscheidung treffen, ob Sie die elterlichen Vorwürfe, Erwartungen und Maßstäbe akzeptieren, zurückweisen oder gegen sie Sturm laufen wollen.

Größere Schwierigkeiten bereiten dagegen kritische und fordernde Äußerungen von seiten der Eltern, wenn sie vage, diffus oder verdeckt formuliert werden. Sie sagen zum Beispiel: «Wir wissen, du wirst es schon richtig machen» oder «Wir vertrauen darauf, daß du tust, was du für richtig hältst.» Und wenn das Kind dann etwas tut, was den Eltern nicht paßt, reagieren sie beleidigt oder kalt oder lassen es auf subtile Weise spüren, daß es «böse» gewesen ist oder sie irgendwie enttäuscht hat. Wenn sich das Kind gegen diese versteckte Mißbilligung wehrt, bekommt es zur Antwort: «Wie kannst du mir so einen Vorwurf machen? Ich habe dir doch gesagt, du sollst tun, was *du* für richtig hältst.» Vater oder Mutter verleugnen die implizite Botschaft und zeigen sich angesichts der unfairen «Anschuldigung» ihres Kindes gekränkt und enttäuscht.

Wenn Sie als Kind darauf angewiesen waren, mit Hilfe kaum wahrnehmbarer Hinweise regelrecht zu raten, was Ihre Eltern von Ihnen wollten, und diese gleichzeitig darauf bestanden, daß Sie auf jeden Fall «das Richtige» taten, haben diese Hinweise womöglich eine große destruktive Macht über Sie gewonnen. Eltern, die ihre Kinder auf versteckte und indirekte Weise kritisieren, untergraben die Entwicklung ihres Selbstwertgefühls. Wenn sich diese Eltern dann auch noch freundlich und verständnisvoll geben, hinterlassen sie bei ihren Kindern kaum festzumachende Gefühle der Unsicherheit, Unzufriedenheit, Schuld sowie des Selbstzweifels. Später dann neigen diese Kinder dazu, sich ständig in Frage zu stellen. Und noch als Erwachsene verwenden sie viel Zeit und Energie darauf, die Meinung anderer Menschen zu erraten, um es ihnen nur ja recht zu machen – so wie sie es bei ihren Eltern gelernt haben.

Eltern, die ihren Kindern vage und ungenaue Erwartungen vermitteln («Du wirst uns schon nicht enttäuschen»), bringen diese damit in eine sehr schwierige Lage. Botschaften wie diese überlassen es der Fantasie und Interpretation des Kindes, was genau es tun muß, um seine Eltern zufriedenzustellen. Dies kann enorme Selbstzweifel in ihm auslösen. Eltern-Kind-Beziehungen, die von einer derartig vagen Kommunikation geprägt sind, bringen häufig Erwachsene hervor, die sich selbst für grundlegend defizitär halten, Menschen, die das Gefühl haben, daß sie anders seien als andere oder daß mit ihnen irgend etwas nicht stimme, daß sie dumm, unsensibel, langweilig, naiv oder unreif seien. Immer wieder kommen sie an den Punkt, sich zu fragen: «Bin ich wirklich in Ordnung?», «Übersehe ich nicht etwas Wichtiges?», «Mache ich das auch wirklich richtig?» Mit anderen Worten: «Ich darf mir nicht vertrauen.»

Wer als Kind aufgrund des Verhaltens seiner Eltern oder anderer Bezugspersonen unter starken Selbstzweifeln gelitten hat, der will häufig auch als Erwachsener noch von anderen (z. B. Freunden oder professionellen Helfern), die für ihn zum Elternersatz werden, hören, daß er *wirklich* in Ordnung ist und auch *wirklich* das Richtige tut. In meiner therapeutischen Arbeit mit Menschen, die zu Depressionen neigen, stelle ich häufig fest, daß viele von ihnen ständig mit ihren Eltern und Freunden im Clinch liegen. Mich wundert dabei immer wieder, *daß sich diese Menschen, auch wenn sie eindeutig im Recht sind und alle Argumente auf ihrer Seite haben, so leicht aus dem Konzept bringen und verunsichern lassen, daß sie es nicht schaffen, den Konflikt für sich zu entscheiden.*

Wenn einer dieser Klienten mir sagt: «Ich wußte, daß ich im Recht war, aber mein Gegenüber wollte das einfach nicht einsehen», antworte ich meist: «*Aber warum muß Ihr Gegenüber Ihnen überhaupt recht geben? Warum teilen Sie ihm nicht einfach Ihre Meinung mit und tun dann, was Sie für richtig halten?»* Die Klienten sehen mich dann meist mit großen Augen an, so als ob ihnen dieser

Gedanke völlig fremd wäre. Anscheinend haben sie erst dann wirklich das Gefühl, recht zu haben, wenn sie es von ihren Eltern oder deren Ersatz (Freunden, Kollegen usw.) bestätigt bekommen. Irgendwann werden diese Menschen wütend auf ihr Gegenüber, das ihnen partout die Zustimmung verweigert. Sie begreifen einfach nicht, daß es gar nicht nötig ist, andere unter allen Umständen davon zu überzeugen, daß sie im Recht sind. Man kann selbst dann im Recht sein, wenn das Gegenüber überhaupt nicht versteht, worum es geht, oder es ihm völlig egal ist. Und wer sagt überhaupt, daß man im Recht sein muß, um zu tun, was man tun will?!

Die Auseinandersetzung mit dem übermäßigen Bedürfnis nach Bestätigung und mit der Neigung, an sich selbst zu zweifeln, ist keine einfache Sache. Sie ist jedoch unumgänglich, will man in seinem Selbstwertgefühl nicht völlig abhängig von anderen und ihrer Anerkennung bleiben. Vergessen Sie nicht, daß die meisten Menschen hin und wieder verunsichert sind und an sich zweifeln.

Selbstzweifel führen zu noch mehr Selbstzweifel, und je häufiger Sie auf die Stimme Ihrer Selbstzweifel hören, um so mehr Macht gewinnen sie über Ihr Leben. Leben Sie das Leben, das Sie leben wollen – trotz Ihrer Selbstzweifel. Natürlich ist man gut beraten, wenn man, bevor man etwas anfängt, einen Moment überlegt, ob es irgendeinen *objektiven Grund* für den inneren Widerstand gibt. Wir können vorsichtig sein, ohne uns gleich zu Sklaven der Vorsicht zu machen. Manchmal aber sollte man sich ruhig auf ein – überschaubares – Risiko einlassen. Etwas zu riskieren ist ein gutes Mittel gegen Depressionen, da es volle Konzentration verlangt und von fruchtlosen Grübeleien ablenkt. Und wenn die Sache vernünftig geplant ist, stehen die Chancen nicht schlecht, ein Erfolgserlebnis zu haben – ein fantastisches Tonikum für jeden, der zu Depressionen neigt!

15. Kapitel

Meinen Perfektionismus abbauen

«Ziele werden meist trotz *und nicht* wegen *perfektionistischer Ansprüche erreicht.»*

Ich erlebe es immer wieder, daß sich Menschen stark von perfektionistischen Tendenzen beherrschen lassen. Dies kann so weit gehen, daß sie ihre ganze Identität um das Ziel herum aufbauen, perfekt zu sein. Das Ringen um Perfektion scheint diesen Menschen etwas zu geben, worauf sie ihre ganze Aufmerksamkeit richten und worauf sie stolz sein können. Manche Menschen finden sogar den Sinn ihres Lebens im ständigen Streben nach absoluter Perfektion. Sie haben – zumindest unbewußt – das Gefühl, daß jedes Abrücken von ihren hochfliegenden Zielen gleich ihren Wert als Mensch in Frage stellen würde. Die hohen Maßstäbe stellen anscheinend einen Versuch dar, persönliche – menschliche – Schwächen zu kompensieren. Dies ist womöglich der Grund dafür, daß Perfektionisten so heftig und abwehrend reagieren, wenn ihnen nahegelegt wird, etwas moderater in ihren Erwartungen an sich selbst zu sein und sich realistischere Ziele zu setzen. «Wollen Sie etwa sagen, ich soll mich einfach aufgeben?» heißt es dann oft.

Wenn Sie kein Perfektionist mehr sein (oder erst gar keiner werden) wollen, müssen Sie lernen, zwischen *erreichbaren* und *unerreichbaren* Zielen bzw. realistischen und unrealistischen (perfektionistischen) Erwartungen und Maßstäben zu unterscheiden. Erreichbare Ziele anzustreben macht Spaß und ist mit der Aussicht auf Erfolgserlebnisse verbunden. Unerreichbare Ziele machen Angst, bedrohen das Selbstwertgefühl und führen zu Mißerfolgen und Frustration.

Die Psychoanalytikerin Karen Horney formulierte die Theorie, daß manchmal aus Selbstzweifeln und Minderwertigkeitsgefühlen heraus ein ganzes System von überhöhten Anforderungen aufgestellt wird, das wiederum in ein idealisiertes Selbstbild mündet (Horney, 1954). Dieses unrealistische, unbewußte Bild enthält dann alles, was man verzweifelt meint, sein zu müssen (und befürchtet, nicht sein zu können).

Das idealisierte Selbstbild kann vollkommen unrealistisch sein oder kann realistische Elemente enthalten, die aber fast völlig von perfektionistischen Maßstäben überdeckt sind. Manchmal ist die Identifikation mit diesem idealisierten Selbstbild so stark, daß man – meist auf einer unbewußten Ebene – wirklich glaubt, perfekt zu sein. Als Reaktion auf ihre perfektionistischen Ansprüche tun Menschen, die zu Depressionen neigen, oft folgendes: Entweder sie konzentrieren sich auf die Kluft zwischen ihrem idealisierten Selbstbild und ihrem realen Verhalten, arbeiten wie verrückt an deren Überwindung und brechen dann, wenn sie das nicht schaffen, verzweifelt zusammen; oder sie konzentrieren sich auf ihre sichtbaren Eigenschaften und Verhaltensweisen, vergleichen diese mit ihren idealisierten Vorstellungen, kommen zu dem Schluß, daß sie die größten Versager sind, und fangen dann an, sich zu verachten oder zu hassen.

Häufig glauben Perfektionisten, daß anderen Leuten der Erfolg einfach so zufliege. Die Wahrheit ist, daß erfolgreiche Menschen ihre Energien eben ganz auf ihre Ziele und Aufgaben konzentrieren, anstatt darauf, ihre Versagensängste in den Griff zu bekommen.

Jeder kann sich im Grunde selbst ausmalen, daß Perfektionismus gar nicht glücklich machen *kann,* da echte Perfektionisten immer etwas finden, womit sie unzufrieden sind. Außerdem führt jede Annäherung an den Zustand der Perfektion zu Langeweile und Selbstgefälligkeit. Wenn er eine Sache so gut beherrscht, daß sie keine Herausforderung mehr darstellt oder keine Mühe mehr bereitet, sucht sich der Perfektionist meist ein neues Ziel, auf das er hinarbeiten kann. Oder aber er geht allen Risiken aus dem Weg, die mit neuen Zielen und Aufgaben verbunden wären, und vermeidet damit mögliche Mißerfolge. Damit engt er sich jedoch dermaßen ein, daß jede Freude über seine Leistungen rasch wieder versiegt.

Wenn man es einmal recht überlegt, hat die Befriedigung, die man aus einer bestimmten Aktivität zieht, ziemlich wenig damit zu tun, wie gut man sie beherrscht. Tatsächlich sind es alltägliche, banale Beschäftigungen, denen man in der Regel mit sehr wenig Ichbeteiligung – und wahrscheinlich überhaupt keinen perfektionistischen Ansprüchen – nachgeht, die einem oft überraschend viel Vergnügen bereiten. So hatte beispielsweise ein erfolgreicher Chirurg, den ich kannte, nie das Gefühl, in seinem Beruf seinen hohen Maßstäben gerecht zu werden, war jedoch mächtig stolz auf sich, als er entdeckte, daß *er ganz gut in der Lage war, eine quietschende Tür zu schmieren.*

Ziele werden meist trotz *und nicht* wegen *perfektionistischer Ansprüche erreicht.* Auch werden andere vermutlich viel positiver auf Sie reagieren, wenn Sie Ihre perfektionistische Haltung aufgeben. Möglicherweise erwarten Sie Kritik oder Häme, wenn Sie eine Herausforderung annehmen und die Sache schiefgeht – und stellen fest, daß andere erstaunlich wohlwollend und einfühlsam reagieren. Vielleicht nehmen die anderen sogar mit Erleichterung zu Kenntnis, daß Sie gar nicht immer der Beste sein müssen. Sie spüren vermutlich eine größere Nähe zu Ihnen, wenn Sie erkennen lassen, daß Sie genauso unvollkommen sind wie sie.

Aber Perfektionismus ist nicht leicht zu überwinden, und zwar aus mehreren Gründen nicht:

- Man wird vielleicht so viel gelobt und belohnt für seine guten Leistungen, daß es so aussieht, als lohne sich all die Mühe;

- Unsicherheit und Selbstzweifel machen *jedes* Abrücken von überhöhten Maßstäben zu einer Bedrohung für das Selbstwertgefühl;

- mit Hilfe von zwanghafter Detailversessenheit lassen sich manchmal Ängste unterdrücken;

- hohe Maßstäbe können einem Sicherheit geben bei dem, was man tut.

Trotz alledem sollte man eines nicht vergessen: *Das Leben ist viel zu kurz und zu kostbar, um es sich selbst dadurch zu vermiesen, daß man immer perfekt sein will.* Es gibt viele Situationen, in denen man getrost fünf gerade sein lassen kann. Auf diese Weise gewinnt man Zeit für Dinge, die einem Spaß machen oder bei denen es sich wirklich lohnt, sein Bestes zu geben. Wer bei allem, was er tut, perfekt sein will und sich deshalb oft verzettelt, der kommt nicht darum herum, zumindest eine Schwäche zuzugeben – *er kann keine Prioritäten setzen!*

Versuchen Sie, sich bewußt zu machen, was in Ihnen vorgeht, wenn Sie so viel von sich verlangen. Wenn man mitten in der Depression steckt, meint man oft, tausend inneren Erwartungen gerecht werden zu müssen, und erkennt nicht, wie überzogen diese Erwartungen eigentlich sind. Auch wenn jede einzelne der Forderungen, die man an sich stellt, möglicherweise noch zu erfüllen wäre – in ihrer Gesamtheit sind sie es auf gar keinen Fall!

Bedienen Sie sich der «Teile-und-herrsche-Taktik», anstatt wertvolle Zeit und Energie damit zu verschwenden, sich den Kopf darüber zu zerbrechen, was Sie eigentlich noch alles tun müßten. Dabei könnten Sie beispielsweise folgendermaßen vorgehen: Stellen Sie eine Liste auf mit den wichtigsten Bereichen Ihres Lebens und den Rollen, die Sie innehaben: Ehe, Kinder, Beruf, Freundschaften, Familie, Freizeit, Arbeitnehmer/Arbeitgeber, Ehepartner, Vater/Mutter, Freund, Sohn/Tochter, Bruder/Schwester. Zu jedem Punkt dieser Liste führen Sie nun Ihre Erwartungen an sich selbst und die Regeln, die in diesen Erwartungen enthalten sind, auf. Zum Beispiel: *«Den Bedürfnissen meines Mannes sollte ich immer Vorrang geben.» «Ich sollte nie vor den Kindern aus der Haut fahren.»* Sind Ihnen die Regeln unklar, nehmen Sie Ihr *Verhalten* unter die Lupe und leiten die Regeln davon ab. So sind Sie vielleicht der Meinung, daß Sie das Recht haben, dafür zu sorgen, daß Sie nicht zu kurz kommen, während in Ihrem Verhalten eine unbewußte, selbstauferlegte Regel zum Ausdruck kommt, wonach sie erst einmal alle anderen zufriedenstellen müssen. (Klar, Sie können versuchen, sich später noch um Ihre eigenen Bedürfnisse zu kümmern, sollten Sie dann noch etwas Zeit und Energie haben. Unerklärlicherweise ist das aber nur selten der Fall ...) Schreiben Sie alle Erwartungen, denen Sie meinen, gerecht werden zu müssen, auf eine Seite des Blatts und dann Ihre Bedürfnisse auf die andere: *Was erwarte ich mir eigentlich von jedem Bereich in meinem Leben und von jeder Rolle?*

Dabei wird Ihnen vielleicht schmerzlich bewußt, daß Sie gar keine klare Vorstellung von Ihren Bedürfnissen haben. Sie wissen vielleicht, was Sie tun *sollen* und was von Ihnen erwartet wird, aber was wollen Sie eigentlich selbst? Um dies herauszufinden, müssen Sie möglicherweise einige Zeit und Energie investieren und als erstes einmal versuchen, Ihre Gefühle bewußter wahrzunehmen:

- Achten Sie darauf, mit welcher Art von Figuren Sie sich in Romanen und Filmen identifizieren;

- versuchen Sie herauszufinden, um welche zentralen Themen es in Ihren Tagträumen geht;

- führen Sie ein Traumtagebuch, und achten Sie dabei besonders auf solche Träume, in denen Wünsche in Erfüllung gehen;

- überlegen Sie, welche Elemente auffälligerweise in Ihren Träumen fehlen;

- führen Sie ein privates Tagebuch, und halten Sie darin Ihre Wünsche und Sehnsüchte sowie spontane Einfälle und Gefühlsregungen fest.

Haben Sie nun einen klareren Eindruck von dem, was Sie wirklich wollen, schreiben Sie diese Bedürfnisse auf die gegenüberliegende Seite des Blatts. Möglicherweise zeigt sich, daß es eine große Kluft gibt zwischen den Erwartungen, denen Sie gerecht werden wollen oder müssen, und Ihren Bedürfnissen. Vielleicht haben Sie in Ihrem Bemühen um Perfektion und Anerkennung immer wieder gegen Ihre eigenen Bedürfnisse gehandelt, was schließlich zu dem unbestimmten Gefühl geführt hat, insgesamt zu kurz zu kommen. Der Ursprung dieses Gefühls liegt oft in einer gewissen Selbstverleugnung und damit zusammenhängenden Selbstgesprächen wie: «Irgendwie kommen wir schon zurecht», «Das können wir uns nicht leisten», «Ach, es geht auch so», «Dazu ist jetzt einfach keine Zeit.» Mit Hilfe der hier beschriebenen Übung gelingt es Ihnen hoffentlich, sich über vernachlässigte und unbefriedigte Bedürfnisse Klarheit zu verschaffen.

Um Depressionen effektiv vorzubeugen, müssen Sie systematisch unerfüllte Bedürfnisse aufspüren. Wenn Sie einmal überlegen, wieviel Zeit, Energie und Geld Sie in Ihrem Leben für relativ unwichtige Dinge verwenden, dürfte es doch eigentlich ein leichtes sein, sich auch einmal einen Wunsch zu erfüllen – sich etwas Neues für die Wohnung anschaffen, ein Waldspaziergang, Familienfotos in ein Album einkleben, frische Erdbeeren pflücken, ein Gedicht schreiben, sich den Rücken massieren lassen, sich von jemandem in den Arm nehmen lassen, bei alten Freunden vorbeischauen, einmal seine Heimatstadt zu besuchen. Versuchen Sie, diese ungestillten Bedürfnisse zu erkennen, sie in ihrer Bedeutung einzuschätzen und den Entschluß zu fassen, jeden Tag etwas dafür zu tun, daß sie nicht mehr lange ungestillt bleiben.

Sollten Sie auf diese Weise nicht weiterkommen, müssen Sie eben das Pferd von hinten aufzäumen. Stellen Sie eine «Pflichtenliste» auf mit allen Dingen, die Sie in den nächsten zwei Wochen Ihrer Meinung nach unbedingt schaffen müssen. Denken Sie auch an das, was Sie schon länger vor sich herschieben, und schreiben Sie auch *alles* auf, was Sie sowieso immer tun. Verteilen Sie dann alle Aufgaben über einen Zeitraum von 14 Tagen. An jedem der 14 Tage müssen Sie die Liste für den Tag vollständig abarbeiten – und wenn Sie dafür bis zum nächsten Morgen schuften. Am Ende der zwei Wochen (sollten Sie und Ihre Familie so lange durchhalten) werden Sie viel besser einschätzen können, wie realistisch Ihre Anforderungen an sich selbst sind. Natürlich sind Sie bis dahin völlig erschöpft, vielleicht auch körperlich «am Ende», und Sie werden die Nase gestrichen voll haben von Ihren «Pflichten». *Und Sie haben nun auch eine Vorstellung davon, welchen Preis Sie dafür bezahlen, perfekt sein zu wollen.*

Wie kann ich meine Beziehungen zu anderen verbessern?

Im Leben eines jeden Menschen spielen Beziehungen zu anderen eine wichtige Rolle; dies gilt ganz besonders für Menschen, die zu Depressionen neigen, und zwar vor allem aus zwei Gründen:

- In liebevollen zwischenmenschlichen Beziehungen steckt ein großes Potential an Hilfe für depressive Menschen. Hier können sie die dringend benötigte Unterstützung finden und sich Beistand für die Arbeit an ihren persönlichen und zwischenmenschlichen Problemen holen, die Sie irgendwann depressiv gemacht haben.

- Beziehungen zu Familienangehörigen, Freunden, Kollegen und vor allem Lebenspartnern sind oft nicht frei von Konflikten, und diese können, wenn sie ungelöst bleiben, eine Depression auslösen, verschlimmern oder verlängern. Dies hat viel damit zu tun, daß in Beziehungen häufig ungelöste Probleme aus der Vergangenheit wieder hochgespült werden..

In den folgenden vier Kapiteln geht es um eine Reihe von Dingen, die typisch sind für die Beziehungsgestaltung von Menschen, die zu Depressionen neigen, sowie um die Schwierigkeiten und Probleme, die sich daraus ergeben können.

16. Kapitel

Wechselseitige Abhängigkeiten überwinden

Der Schmerz und die Verzweiflung können so groß werden, daß man sich völlig von sich selbst abwendet und seine ganze Aufmerksamkeit anderen widmet. Aber es ist sehr gefährlich, den eigenen Schmerz auszublenden und sich völlig auf die Belange anderer zu konzentrieren. Solange man die anderen bei Laune hält, einen guten Eindruck macht und Anerkennung bekommt, ist vielleicht noch alles eitel Sonnenschein ...

Vielleicht halten Sie Ihr Bemühen um das Wohlergehen anderer für normal und betrachten es als Ausdruck Ihrer «Gutherzigkeit» und «Selbstlosigkeit», daß Sie so sehr darauf bedacht sind, Ihren Mitmenschen jeden Wunsch zu erfüllen. Wenn Sie sich aber in dem, was Sie tun und denken, fast nur nach den Vorstellungen anderer richten, ist dies möglicherweise nicht mehr ganz gesund und weist auf allzu große wechselseitige Abhängigkeit hin.

Wer keine eigenen Bedürfnisse mehr spürt, fühlt sich innerlich leer und ausgebrannt. Er weiß nicht mehr, wer oder was er eigentlich ist. Etwas für sich selbst zu tun wird unwichtig, Bestätigung von anderen zu bekommen genießt hingegen höchste Priorität. Man definiert sich immer mehr über seine Mitmenschen, die Beziehungen zu ihnen sind schließlich das einzige, was zählt. Und solange man es schafft, sie zufriedenzustellen, erscheint einem diese Art, zu denken und zu fühlen, völlig normal und in Ordnung.

Aber letztlich ist es nicht möglich, sein Glück ganz außerhalb seiner selbst zu finden. Irgendwann nehmen Gefühle der Leere und Verwirrung überhand. Vielleicht versuchen Sie unbewußt, Ihr negatives Selbstkonzept zu kompensieren, indem Sie dafür sorgen, daß *andere* eine gute Meinung von Ihnen haben. Wer es anderen recht machen kann, der kann doch so schlecht nicht sein. Trotzdem bleibt die Angst davor, «was die Leute wohl denken». Spontaneität und der Ausdruck echter Gefühle werden durch das immense Bedürfnis nach Anerkennung (und die Angst, sie zu verlieren) blokkiert. Und wenn Sie nur dann mit sich zufrieden sein können, wenn andere hellauf begeistert von Ihnen sind, fühlen Sie sich abhängig und hilflos, was eine ständige Gefahr für Ihr Selbstwertgefühl darstellt und Ihre Anfälligkeit für Depressionen erhöht.

Solche Abhängigkeit führt zu Depressionen, aber das gilt auch umgekehrt: In der Depression neigt man zu überzogener Selbstkritik und schwächt dadurch sein Selbstwertgefühl; außerdem ist man verletzbarer als sonst. Die Meinungen und Erwartungen anderer gewinnen an Bedeutung. Aus Unzufriedenheit mit sich selbst ist man verzweifelt darauf aus, von anderen Bestätigung zu bekommen, und ordnet seine eigenen Wünsche und Bedürfnisse ganz der ersehnten Anerkennung und Unterstützung unter. Die eigenen Vorstellungen werden immer verschwommener und unwichtiger.

Wenn depressive Menschen ihre ganze Aufmerksamkeit auf andere richten und den Zugang zu ihren eigenen Gefühlen und Meinungen verlieren, glauben sie irgendwann, daß alles Gute nur von außen kommen kann. Sie selbst haben keinen Einfluß auf ihr Leben – ihr ganzes Glück hängt davon ab, wie andere auf sie reagieren. Zufrieden können sie nur dann sein, wenn sie es schaffen, *andere* glücklich zu machen. In gewisser Hinsicht fühlen sie sich nicht mehr für sich selbst verantwortlich und schaffen es nicht mehr, irgend etwas direkt im eigenen Interesse zu tun.

Je mehr Sie den Zugang zu sich selbst verlieren, um so stärker verwischen die Grenzen zwischen Ihnen und anderen. Das kann so weit gehen, daß Sie nicht mehr wissen, wo Sie selbst aufhören und der andere beginnt. Seine Ideen werden zu Ihren Ideen. Seine Gefühle zu Ihren Gefühlen. Seine Stimmungen zu Ihren Stimmungen. Ihre Gedanken können klar und eindeutig sein, solange Sie allein sind, wenn dann jedoch andere kommen und Fragen stellen oder gegensätzliche Meinungen äußern, zweifeln Sie sogleich an sich und lassen sich aus dem Konzept bringen. Vielleicht übernehmen Sie sogar die emotionale Verfassung anderer. Eine fröhliche Stimmung wird durch die Traurigkeit eines anderen hinweggefegt, eine klare

Meinung vernebelt die Unsicherheit und Zwiespältigkeit Ihres Gegenübers.

Grenzen in Beziehungen können auf unterschiedliche Weise verwischen. Eine Möglichkeit ist die Verdrängung, d. h. die Vermeidung, Verleugnung oder Unterdrückung eigener Gefühle. Diese verdrängten Gefühle werden dann häufig auf andere projiziert. «Ich bin nicht wütend auf sie, sie ist wütend auf mich.» Auch durch Introjektion können Grenzen verwischen. Wer sich keine eigenen Gedanken und Meinungen zugesteht, der verleibt sich oft das ein, was andere meinen. Fremde Ansichten werden nicht sorgfältig beleuchtet und abgeklopft, sondern unkritisch übernommen.

Verwischte Grenzen führen dazu, daß man alles, was um einen herum passiert, auf sich bezieht. Wenn jemand anderes unglücklich ist: «Es muß etwas sein, das ich gesagt habe.» Wenn jemand anderes unzufrieden ist: «Bestimmt habe ich etwas falsch gemacht.» Wenn sich jemand anderes aufregt: «Das ist bestimmt meinetwegen.» Wenn Ihnen Ihre eigenen Gefühle nicht klar und Ihre Grenzen zu anderen verschwommen sind, fällt es Ihnen grundsätzlich schwer, Eigenes und Fremdes auseinanderzuhalten.

Die Fixierung auf die Wünsche und Meinungen anderer schwächt auch die Kraft zur «Selbst-Bestätigung», das Vertrauen in die eigene Wahrnehmung und Urteilsfähigkeit. Sollte es Ihnen also zufällig doch einmal passieren, daß Sie vorsichtig eine eigene Meinung vertreten, werden Sie diese schnell wieder aufgeben, sobald sich Widerspruch regt. Diese Unfähigkeit zur Selbst-Bestätigung hinterläßt innere Leere, Orientierungslosigkeit und letztlich noch mehr Depressionen.

Das Bedürfnis nach Anerkennung und die Unfähigkeit zur Selbst-Bestätigung schlagen sich oft in besonders fürsorglichem Verhalten nieder. Man ist sehr darauf bedacht, sich anzupassen, richtet sich ganz nach den Plänen anderer, stellt eigene Bedürfnisse zurück, läßt sich auf Dinge ein, die man eigentlich nicht will, und bekommt Schuldgefühle, sobald man einmal seinen eigenen Kopf durchsetzt. Dies alles hat zur Folge, daß man selbst immer mehr zu kurz kommt.

Mit überfürsorglichem Verhalten machen Sie letztlich jedoch alles nur noch schlimmer, weil Sie bald das Gefühl bekommen, Ihre eigene Bedeutung hinge allein davon ab, wie gut Sie sich um andere kümmerten. Unbewußt meinen Sie vielleicht, daß andere Sie nur um sich haben wollen, weil Sie etwas für sie tun. Sie können sich gar nicht vorstellen, daß andere gern mit Ihnen zusammen sind, weil Sie so sind, wie Sie sind!

Psychische Abhängigkeit von anderen durcharbeiten

Sie können jederzeit damit anfangen, Ihre psychische Abhängigkeit abzubauen. Dazu stehen Ihnen prinzipiell zwei Wege zur Verfügung. Zum einen können Sie versuchen, Ihr *äußeres* Verhalten zu verändern, indem Sie anderen gegenüber klar und selbstbewußt auftreten. Sie können daran arbeiten, Ihre Fähigkeit zur Selbst-Bestätigung zu verbessern, d. h. versuchen, sich über Ihre eigenen Wahrnehmungen, Meinungen und Gefühle klar zu werden und dann bei diesen zu bleiben, auch wenn andere noch so hartnäckig gegensätzliche Ansichten vertreten. Zum anderen können Sie sich im stillen Kämmerlein an die Erforschung Ihres *Inneren* machen, um sich über Ihre wirklichen Bedürfnisse, Wünsche, Gedanken und Überzeugungen klarer zu werden und wieder ein Gefühl dafür zu bekommen, wer Sie eigentlich sind.

Verhalten läßt sich fast immer schneller verändern als Einstellungen, und am längsten dauert die Wiedererlangung eines Identitätsgefühls. Ohne dieses Gefühl ist jedoch eine *bleibende* Verhaltensänderung nicht möglich.

Wer sicher und bestimmt auftritt, setzt damit erfolgreicher seine Interessen durch und gewinnt an Selbstvertrauen. Fangen Sie damit an, daß Sie Ihre Wünsche und wichtigsten Bedürfnisse erkunden, um klare Grenzen zu setzen und sie offensiv zu behaupten. Zu Beginn regen sich vielleicht Schuldgefühle in Ihnen oder Sie fühlen sich unbehaglich oder ängstlich, wenn Sie Ihre eigene Meinung vertreten – vor allem in einer bestehenden Beziehung. Aber irgendwann *müssen* die Grundlagen der Beziehung überprüft werden. Und sind die Grenzen einmal klar formuliert, ist der Zeitpunkt gekommen, damit anzufangen.

Das Zurückgewinnen des Identitätsgefühls ist ein komplexer Prozeß, in dessen Verlauf man möglicherweise tief in sich gehen muß. Vielleicht wissen Sie gar nicht, was Sie sich wirklich wünschen oder was Sie wirklich zufrieden macht. Deshalb kann es nötig sein, mit verschiedenen Verhaltensweisen zu experimentieren, um dies in einem Prozeß der Selbsterkenntnis durch Versuch und Irrtum herauszufinden.

Herauszufinden, wer man ist, beginnt damit, daß man sich darüber klar wird, was man wirklich fühlt, meint und denkt. Hier können offene Gespräche mit vertrauten Menschen weiterhelfen – Gespräche, in denen es um Gefühle geht und um Ihre Neigung, es immer anderen recht machen zu wollen und die eigenen Interessen hintanzustellen. Insbesondere Freunde, die Ihnen nicht in Ihre Angelegenheiten hineinreden wollen und die nicht direkt davon betroffen sind, wie Sie Ihr Leben leben, können Ihnen dazu wertvolle Rückmeldung geben. Diese sehen Sie oft in einem besseren Licht als Sie selbst. Dazu kommt, daß Komplimente und positive Rückmeldung Sie in dem bestärken, was Sie tun, und Ihnen Kraft und Mut spenden.

Da ein niedriges Selbstwertgefühl am Entstehen von Koabhängigkeit beteiligt ist, stellt die Verbesserung des Selbstwertgefühls einen wichtigen Ansatzpunkt dar. Erreichen kann man dies, indem man Sätze, die man im Kopf hat und mit denen man sich selbst abwertet und kritisiert, ausfindig macht und sie in positive Aussagen verwandelt. Versuchen Sie es auch mit mentalen Vorstellungsübungen, bei denen Sie vor Ihrem inneren Auge ein möglichst positives Bild von sich entstehen lassen. Auf diese Weise können Sie Ihre positiven Charakterzüge, Talente und Begabungen in Ihr Selbstbild integrieren. Machen Sie sich selbst Komplimente, wenn Ihnen etwas gut gelungen ist. Bauen Sie sich ein Unterstützungssystem auf, ein Netzwerk von Freunden, die Sie schätzen und Ihnen bei der Arbeit an Ihrem Selbstkonzept eine Hilfe sind.

Wenn Sie nicht depressiv sind, fällt es Ihnen leichter, mit Ihren tieferen Ebenen in Kontakt zu kommen. Es gibt einiges, was Sie tun können, um zu sich selbst zu finden und neue Perspektiven zu entwickeln: Führen Sie beispielsweise ein Tagebuch, in dem Sie Ihre Gedanken, Erlebnisse, Träume und Fantasien festhalten, oder lassen

Sie einmal Ihr Leben von der Kindheit bis zur Gegenwart Revue passieren und beobachten Sie die dabei aufkommenden Gefühle.

Auch über das Malen oder andere Möglichkeiten des kreativen Ausdrucks können verborgene Stärken und Fähigkeiten ans Licht kommen. Wenn Sie zum Beispiel etwas malen, kann Ihnen das Bild, das dabei entsteht, möglicherweise etwas über eine tiefere Ebene Ihres Unterbewußtseins sagen.

17. Kapitel

Freundschaften pflegen

«Ob man andere akzeptieren kann, hängt zum großen Teil davon ab, ob man sich selbst akzeptiert.»

Wer depressiv ist, tut gut daran, Kontakt zu anderen Menschen zu suchen und dadurch etwas Ablenkung zu finden. Da Depressionen jedoch häufig mit einer erhöhten Empfindlichkeit, Verletzbarkeit und Furcht vor Zurückweisung einhergehen, bleiben depressive Menschen gerade dann, wenn sie menschlichen Kontakt am meisten bräuchten, oft allein. Die Isolation, in die sie sich begeben, kann verständlicherweise die depressiven Gefühle noch stärker werden lassen. Oftmals rationalisieren Depressive den Rückzug in ihr Schneckenhaus und tarnen ihn als Rücksichtnahme: «Ich möchte niemanden mit meinen Depressionen anstecken.» Sie meinen, andere könnten genauso «mies draufkommen» wie sie, oder sie befürchten, von den anderen ebenso hart beurteilt zu werden, wie sie sich selbst beurteilen. Oft erzählen mir Klienten, daß sie Angst haben, auf ihre Freunde zuzugehen, wenn sie sich schlecht fühlen, weil diese Freunde sich aus Unbehagen oder Überforderung abwenden könnten. Wenn ich dann die Gegenfrage stelle, wie *sie* reagieren würden, wenn ein Freund ihnen sagte, es ginge ihm schlecht und er würde gern ein Gespräch führen, lautet die Antwort meist: «Oh, ich würde mich geschmeichelt fühlen. Ich würde mich darüber freuen, daß er zu mir käme ... Aber das ist etwas anderes!»

Obwohl wir also ohne weiteres bereit wären, einen deprimierten Freund zu trösten, glauben wir nicht, daß unsere Freunde das gleiche für uns tun wollen. Wir projizieren unsere schlechte Meinung von uns selbst auf andere und glauben, sie könnten uns genauso wenig leiden wie wir uns selbst. Dabei übersehen wir, daß *wir* diejenigen sind, die Depressionen haben, und nicht die Freunde, an die wir uns wenden. Natürlich werden diese von unseren Depressionen berührt, dies geht aber nicht so weit, daß sie selbst auch depressiv werden. Ich denke, in den meisten Fällen hätten Freunde keine Schwierigkeiten mit der Situation und würden einfach sagen: «Erzähl mir, was los ist» oder «Komm, laß uns was unternehmen, damit du auf andere Gedanken kommst.»

Paradoxerweise scheinen wir gerade dann, wenn unser Bedürfnis nach Kontakt am stärksten und drängendsten ist, die größte Distanz zu anderen aufzubauen. Wir befürchten, ein klägliches Bild abzugeben oder allzu besitzergreifend oder anklammernd zu werden und damit andere abzuschrecken. Und irgendwann glauben wir vielleicht, daß unsere Depressionen so schlimm und unsere Einsamkeit so groß ist, daß auch Kontakte zu anderen daran nichts ändern könnten. Wir befürchten, in unserem Schmerz von niemandem verstanden zu werden, und geben es daher ganz auf, uns um andere zu bemühen. Von Zeit zu Zeit ärgern wir uns über uns selbst, weil wir nicht aus uns herausgehen, unsere Bedürfnisse verstecken, nicht um Unterstützung bitten. Dann wieder fragen wir uns: «Sieht denn keiner, wie dreckig es mir geht?» «Warum sind alle so gleichgültig?» «Warum will mich niemand haben?»

Es ist wichtig, sich seine Einsamkeit bewußt zu machen und etwas gegen sie zu unternehmen, da Einsamkeit bekanntermaßen Depressionen verschlimmern kann. Dabei ist es oft gar nicht die Einsamkeit selbst, die so weh tut, sondern das, was wir von uns selbst denken, wenn wir einsam sind. Wir sehen in unserem Alleinsein oder unserer Einsamkeit den Beweis dafür, daß wir keine wertvollen Menschen sind, niemand unsere Freundschaft will und alle uns abgelehnt und im Stich gelassen haben. Mit diesem Gedanken aber machen wir alles nur noch schwerer. Wer sich klarmacht, daß Alleinsein eine vorübergehende Situation ist und Einsamkeitsgefühle eine natürliche Folge des normalen Bedürfnisses nach zwischenmenschlicher Nähe sind, akzeptiert Einsamkeit leichter: Einfache Einsamkeit – ohne die anderen negativen Bedeutungen, ohne Gefühle der Wertlosigkeit, Enttäuschung und Verlassenheit – kann etwas Gutes sein, weil sie uns dazu bringt, aus uns herauszugehen und Unterstützung und Nähe zu suchen. Zwischenmenschliche Kontakte und ein tragfähiges Unterstützungssystem wiederum sind der beste Schutz gegen Depressionen.

Gute Beziehungen, die durch Offenheit, Vertrauen und Nähe gekennzeichnet sind, erleichtern die Bewältigung von Streß, indem sie es ermöglichen, Sorgen und Ängste auszusprechen und sie dadurch zu klären und abzubauen. Gute Beziehungen liefern auch effektive Unterstützung in Zeiten, in denen man nicht weiter weiß. Es ist daher wichtig, sich ein klares Bild von seinen Freundschaften zu machen und mindestens einen Menschen zu haben, bei dem man sich so geben kann, wie man ist, und mit dem man offen und ehrlich über seine Gefühle sprechen kann.

Problematisch ist es, wenn Sie sich nur in Zeiten an Ihre Freunde wenden, in denen es Ihnen schlecht geht. Wenn Ihre Freunde nur dann etwas von Ihnen mitbekommen, wenn Sie trübsinnig und frustriert sind, bleiben ihnen die anderen Facetten Ihrer Persönlichkeit vorenthalten. Und wenn Sie ihnen nur Ihr «depressives Ich» zeigen, wird der Kontakt zu Ihnen auch für die allerbesten Freunde verständlicherweise mühselig. Wenn Ihre Depression nicht chronisch oder sehr schwer ist, können Sie einiges dafür tun, daß sich Ihre Freunde Ihnen gegenüber nicht verschließen. Vor allem können Sie sich besonders dann darum bemühen, mit ihnen zusammen zu sein, wenn es Ihnen gut geht und Sie gemeinsam positive Dinge erleben können. Und wenn Sie dann «down» sind und die anderen Ihnen beistehen, sollten Sie auf jeden Fall zum Ausdruck bringen, wie viel es Ihnen bedeutet, daß sie für Sie da sind. Ermutigen Sie sie auch, sich ihrerseits an Sie zu wenden, wenn sie einmal «einen Durchhänger» haben. Kurz, wenn Sie zu Depressionen neigen, bemühen Sie sich bewußt um den Aufbau eines tragfähigen Unterstützungssystems in Form eines Netzwerks von Freunden, die sich in guten und schlechten Zeiten aufeinander verlassen können. Und tun Sie dies beizeiten, nicht erst, wenn Sie «völlig am Ende» sind, denn dann werden Sie kaum etwas zu der Beziehung beisteuern können. Haben Sie Zeit und Energie geopfert, um jemand anderen durch eine emotionale Krise zu begleiten, fällt es Ihnen leichter, Ihrerseits um Unterstützung zu bitten, wenn Sie selbst in Schwierigkeiten sind.

Eine Warnung: Die Erkenntnis, welch hoher Wert zwischenmenschlichen Beziehungen im Kampf gegen Depressionen zukommt, sollte Sie nicht dazu verleiten, die Dinge zu überstürzen. Manchmal scheint der «Funke» schnell überzuspringen, aber eine Schwalbe macht noch keinen Sommer und tragfähige Freundschaften brauchen zum Wachsen Zeit und viel Energie und gegenseitiges Interesse. Tiefe, reife Beziehungen sind oft unspektakulär, nicht besitzergreifend und erfüllen mit stiller Zufriedenheit. Sie beruhen auf geteilten Interessen, gemeinsam verbrachter Zeit und gegenseitigem Vertrauen. Unreife Beziehungen dagegen sind gekennzeichnet durch Unsicherheit, Besitzansprüche und Selbstzweifel.

Durch den Versuch, in einem frühen Stadium einer Freundschaft einen hohen Grad an Nähe zu erzwingen, können Sie Ihr Gegenüber in eine unangenehme Lage bringen. Wenn Sie zu abhängig und unselbständig sind, bekommt der andere vielleicht eine viel zu große Bedeutung für Sie. Sie machen sich gefährlich verletzbar, wenn Sie zu früh zu große Hoffnungen und Erwartungen in die Beziehung setzen – noch ehe Sie sich ein klares Bild von der Vertrauenswürdigkeit, der Beständigkeit, den Vorlieben und Bedürfnissen des anderen gemacht haben. Und aus Ihrer Verzweiflung und inneren Not heraus machen Sie sich vielleicht vor, daß die Beziehung für den anderen genauso wichtig sei wie für Sie. Dadurch setzen Sie sich der Gefahr großer Enttäuschung aus, wenn sich die Situation schließlich doch anders darstellen sollte. Wenn Ihre Sehnsucht nach Nähe zu groß ist, können Sie damit andere abschrecken. Unausgesprochene Forderungen und eine sehr sichtbare Empfindlichkeit führen dazu, daß Menschen, die ein gewisses Maß an Freiheit und Selbstbestimmung brauchen, eine Beziehung schnell als «klebrig» und beengend empfinden. Sie fühlen sich durch Ihre Bedürftigkeit in ihrer Freiheit beschränkt oder geradezu erdrückt.

Gute, gesunde Freundschaften sind nicht von gegenseitigen Forderungen und Besitzansprüchen geprägt, sondern basieren auf Spontaneität und Freiwilligkeit. Und Menschen brauchen viele Beziehungen unterschiedlicher Art und Tiefe. Nur extrem enge Beziehungen zu haben wäre sehr anstrengend. Es ist schön, auch einige lockere Freundschaften zu pflegen, die ohne tiefgehende Gespräche und besonderes emotionales Engagement auskommen. Versuchen

Sie auch, Beziehungen aufzubauen, die Ihnen helfen, einmal Ihre Probleme zu vergessen und sich einfach ein bißchen zu amüsieren. *Und suchen Sie sich Ihre Freunde sorgfältig aus!* Wer zu Depressionen neigt, sucht oft Anschluß bei Menschen, die schnell auf sein Bedürfnis nach Nähe und Unterstützung anspringen. Dies kann zu aus dem Boden gestampften, intensiven Beziehungen führen, in denen der Depressive anscheinend nichts zu investieren braucht – eine reizvolle Situation für jemanden, der sehr wenig Energie zum Aufbau einer Beziehung übrig hat. Aber Vorsicht: Sich auf eine solche Beziehung einzulassen ist nicht ganz ungefährlich. Man gerät auf diese Weise schnell an Menschen, die vorgeben, einem mit «Rat und Tat» zur Seite zu stehen, aber eigentlich nur darauf aus sind, einen zu beherrschen, zu manipulieren und zu unterdrücken. Oft vergeht viel Zeit, bis dies deutlich wird.

Zuerst sind diese übermäßig engagierten Menschen vielleicht besonders wohltuend, da sie so «menschlich interessiert» und bereit sind, über Gefühle zu sprechen – *vor allem über Ihre Gefühle.* Meist passiert es in diesem Stadium – wenn der neue Freund so warm, interessiert und wohlwollend erscheint –, daß der depressive Mensch «anbeißt». Aber das starke persönliche Engagement des anderen werden Sie wahrscheinlich schon bald als ziemlich aufdringlich empfinden. Dann zeigt sich, daß es für den anderen von großer persönlicher Bedeutung ist, wie Sie Ihr Leben leben und welche Entscheidungen Sie treffen. Womöglich entwickeln Sie Schuldgefühle, wenn Sie seine Ratschläge nicht befolgen. Irgendwann bekommen Sie dann zu hören, daß es ja keinen Zweck habe, so viel in Sie zu «investieren», da Sie ja doch nicht von all den «Hinweisen und Anregungen» profitieren wollten und partout Ihren eigenen Kopf durchsetzen müßten.

Das Feedback («offen und ehrlich»), das Sie von einem derartigen neuen Freund bekommen, wird vermutlich im Laufe der Zeit immer negativer – vor allem, wenn Sie aus irgendeinem Grund nicht auf seine gutgemeinten Ratschläge hören und tun, was Sie selbst für richtig halten, oder auf wundersame Weise Ihre Depressionen «abschütteln». Das klingt dann oft so: «Wenn ich nicht mit dir befreundet wäre, würde ich ja nichts sagen, aber ...» oder «Ich sage dir das nur in deinem eigenen Interesse ...» Wer anfällig für

Depressionen ist, akzeptiert derartige «konstruktive Kritik» im allgemeinen, da er glaubt, daß ihm der andere «ja nur helfen will». Er ist noch dankbar für das auf diese Weise zum Ausdruck gebrachte Interesse an seiner Person – auch wenn dieses Interesse ihn letztendlich nur noch depressiver werden läßt.

Da Menschen mit einer erhöhten Neigung zu Depressionen meist sehr selbstkritisch sind, suchen sie häufig die Nähe zu Leuten, die ebenfalls sehr kritisch sind. Anstatt also immer nur selbst an sich herumzumäkeln, sorgen sie dafür, daß sie jemand haben, der dies praktischerweise für sie übernimmt. Und da depressionsanfällige Menschen ja meist auch sehr sensibel auf Kritik reagieren und leicht zu kränken sind, kann eine ziemlich üble Kombination entstehen! Menschen mit einer hohen Depressionsneigung akzeptieren häufig Kritik von außen, weil sie sich der Täuschung hingeben, daß sie nur dann ein besserer Mensch werden können, wenn sie das Schlimmste über sich hören. Wahrscheinlich wegen ihres niedrigen Selbstwertgefühls und aus dem Bedürfnis heraus, für ihre Fehler und Schandtaten bestraft zu werden, meinen sie, negative Rückmeldungen zu brauchen und verpflichtet zu sein, all die Kritik über sich ergehen zu lassen, die sie «verdienen». Deshalb scheinen sie anderen zu signalisieren: «Kommt, sagt mir, was für ein Esel und Schuft ich bin; ich kann's vertragen!» In Wirklichkeit können sie es natürlich *nicht* vertragen; nur wenige Leute könnten das – und niemand mit einem einigermaßen gesunden Ego würde es *wollen*.

Wenn Sie sich selbst und einige Ihrer Beziehungen in dem bisher Gesagten wiedererkennen, sollten Sie sich klarmachen, daß negative Rückmeldung von überkritischen Leuten *immer* irgendwie verzerrt ist. Überkritische Menschen kritisieren nur selten andere «in deren eigenem Interesse»; sie kritisieren andere, weil ihnen irgend etwas an ihrem Gegenüber nicht paßt – etwas, das andere wahrscheinlich vollkommen in Ordnung fänden. (Wie heißt es so schön: Wer solche Freunde hat, der braucht keine Feinde?!) Und wenn man einmal den Anlaß der Kritik etwas genauer unter die Lupe nimmt, zeigt sich oft, daß der angeblich kritikwürdige Punkt viel mit einem verdrängten Problem der kritisierenden Person zu tun hat, einem Problem, das diese auf den Depressiven projiziert. Vieles von dem, was Ihr hyperkritischer Freund an Ihnen auszusetzen hat, gibt sich von selbst wieder oder ist leicht in den Griff zu bekommen, wenn Sie erst Ihre Depression überwunden haben und wieder ein besseres Gefühl für sich bekommen.

Noch einmal: *Suchen Sie sich Ihre Freunde genau aus.* Nehmen Sie sich in Acht, wenn Sie die Tendenz haben, sich überkritischen Menschen anzuschließen – oder solchen, die anscheinend besonders stark daran interessiert sind, Ihnen aus einem Tief herauszuhelfen ... und es schließlich doch schaffen, sie darin festzuhalten. Beide Arten sogenannter Freunde – die intensiven, überengagierten und die überkritischen und rücksichtslos «ehrlichen» – sind Gift für jemanden, der ohnehin schon kein gutes Haar an sich selbst läßt. Statt dessen sollten Sie sich lieber mit Leuten umgeben, die etwas menschenfreundlicher sind, Interesse bekunden, sich aber nicht übermäßig in Ihre Angelegenheiten einmischen und sich auch nicht so leicht von Ihren Stimmungen und Verhaltensweisen beeinflussen lassen. Wenn Sie ihnen etwas darüber mitteilen, wie schlecht es Ihnen geht und wie unzufrieden Sie mit sich sind, sollten Sie von ihnen hören, daß Sie wirklich *in Ordnung* sind und wieder einmal viel zu hart gegen sich selbst sind.

Es ist immer tröstlich herauszufinden, daß das Bild, das andere von uns haben, viel günstiger ist als das, das wir selbst von uns haben. Oft zeigt sich in Kommentaren anderer («Herrje, bist du wieder streng zu dir selbst!»), wie kritisch wir mit uns umgehen. Wenn wir sehr wenig Abstand zu einem Problem haben, kann uns ein Freund, der die ganze Sache etwas nüchterner sieht, zu einer etwas objektiveren Betrachtungsweise verhelfen. Andererseits zeigen uns Worte wie «Meine Güte, da wäre ich auch erst einmal fertig», daß unsere Reaktion auf eine belastende Situation durchaus gerechtfertigt ist und daß wir nicht einfach «spinnen» oder uns «anstellen». Und wenn Sie mit Menschen zusammen sind, die nicht überkritisch, sondern wohlwollend und hilfreich sind, fällt es Ihnen natürlich auch selbst leichter, sich zu akzeptieren. Das Zusammensein mit solchen Leuten tut gut und versetzt Sie eher in die Lage, Ihre besten Seiten zur Geltung kommen zu lassen. Und die Spontaneität und Aufgeschlossenheit, mit der Sie dann auf andere zugehen können, macht den Umgang mit Ihnen natürlich sehr viel angenehmer.

Ein echtes Hindernis für den Aufbau tragfähiger Beziehungen sind unrealistische Erwartungen, da diese es uns schwer machen, andere so zu akzeptieren, wie sie sind, und eine Quelle für ständige Enttäuschungen darstellen (welche wiederum Depressionen auslösen oder verschlimmern können). Ob man andere akzeptieren kann, hängt zum großen Teil davon ab, ob man sich selbst akzeptiert. Wenn wir sehr kritisch uns selbst gegenüber sind, neigen wir auf einer bestimmten Ebene auch zu starker Kritik anderen gegenüber. Und wirklich akzeptieren können wir sie erst dann, wenn wir uns selbst so akzeptieren, wie wir sind. Oft machen wir uns selbst etwas vor und sehen andere zumindest eine Zeitlang nicht so, wie sie wirklich sind. Wir übertragen irgendeinen unbefriedigten Wunsch auf sie und erwarten dann, daß sie uns diesen Wunsch erfüllen. Wenn dies nicht geschieht, sind wir enttäuscht und wütend. Oder wir sehen in einem Mitmenschen irgendeine Eigenschaft, die wir an uns selbst nicht mögen. Und weil wir diese Eigenschaft bei uns selbst verleugnen, brauchen *wir* uns natürlich nicht zu ändern ... *wohl aber der andere!* Bei diesen Vorgängen handelt es sich um *Projektionen* innerer Vorgänge auf andere Menschen; auch diese stellen unrealistische Erwartungen dar, die überdacht und verändert werden müssen, wenn man daran interessiert ist, gute Freundschaften zu pflegen.

Manchmal tun uns Menschen weh, weil wir, ohne daß wir uns dessen bewußt wären, verschwommene und unrealistische Erwartungen in sie setzen und dann enttäuscht sind, wenn sie diese nicht erfüllen. Obwohl wir unsere wunden Punkte und unsere Verletzbarkeit vor ihnen verbergen, erwarten wir irgendwie, daß sie darauf Rücksicht nehmen. Oder wir geben ihnen viel und erwarten, emotional oder materiell etwas zurückzubekommen – ohne allerdings deutlich zu machen, daß an unser Geben Bedingungen geknüpft sind. Vergessen Sie nicht: Es ist unsere *eigene Entscheidung,* anderen etwas zu geben. Wenn wir uns großzügig zeigen, gibt uns das nicht das Recht, irgendwelche Gegenleistungen zu verlangen – es sei denn, es gibt eine entsprechende gegenseitige Vereinbarung. In engen Beziehungen, in denen sich beide Partner dem anderen gegenüber verpflichtet fühlen, haben wir allerdings wohl das Recht, bestimmte – vernünftige und realistische – Dinge vom anderen zu erwarten. In beständigen, auf Gegenseitigkeit angelegten Beziehungen muß man sich grundsätzlich auf den anderen verlassen können – andernfalls wird irgendwann einer der beiden Partner die Verbindung in Frage stellen. In engen Freundschaften müssen wir wissen, daß der andere für uns da ist, wenn wir in Not sind und ihn wirklich brauchen. Auch wenn dieser Fall niemals eintritt, so brauchen wir doch gefühlsmäßig die Gewißheit, daß wir dann nicht allein daständen.

Es *gibt* Menschen auf der Welt, die uns auch dann noch mögen und akzeptieren, wenn sie uns gut kennen, und die gerne mit uns zusammen sind und etwas für uns tun. Es ist längst nicht so mühselig, Beziehungen mit solchen Leuten zu pflegen als mit Menschen, die ständig an uns herumkritisieren und alles besser wissen. Anstatt sich ständig selbst in Frage zu stellen, um es einem überkritischen Freund recht zu machen, möchten Sie sich vielleicht lieber darauf konzentrieren, Freundschaften zu Leuten aufzubauen, die Ihnen ein gutes Gefühl geben und die Sie *so akzeptieren, wie Sie sind.*

18. Kapitel

Mich selbst behaupten

«Sie haben ein Recht auf Ihre Gefühle.»

Wer zu Depressionen neigt, ist häufig sehr leicht zu verletzen. Und oft ist er nicht in der Lage, mit dieser Verletzbarkeit angemessen umzugehen. Damit es nicht immer wieder zu schmerzhaften Kränkungen und Verletzungen kommt, die einen irgendwann akut depressiv werden lassen, ist es wichtig zu lernen, sich zu behaupten und seine Interessen und gerechtfertigten Ansprüche durchzusetzen.

Vielen Leuten ist es so sehr in Fleisch und Blut übergegangen, sich klein zu machen, Gefühle zu unterdrücken und keine Forderungen zu stellen, daß sie in das Umlernen viel Arbeit investieren müssen. Manche von uns scheinen durch ihr Verhalten zum Ausdruck bringen zu wollen, daß es ihnen leid tut, überhaupt da zu sein («Entschuldige, daß ich geboren bin.»)! Es ist, als hätten sie sich bewußt oder unbewußt dagegen entschieden, ihre eigenen Interessen durchzusetzen. Dies hat manchmal auch etwas Manipulatives, vor allem, wenn wir in der Vergangenheit irgendwie für ein solches Verhalten belohnt wurden. Viele von uns haben gelernt, freundlich, versöhnlich und selbstlos zu sein – bis sie dann im Laufe der Jahre irgendwann den Zugang zu ihren wahren Gefühlen, Bedürfnissen und Ansichten verloren haben. Sie sind nur noch für andere da: Ihr ganzes Bestreben ist darauf gerichtet, es anderen recht zu machen, ihnen möglichst jeden Wunsch von den Augen abzulesen. Und dies hat ihnen immer wieder Enttäuschungen, Schuldgefühle, Kränkungen *und Depressionen* eingebracht.

Wie durchbricht man alte Gewohnheiten, stellt selbstunsicheres und möglicherweise sogar manipulatives Verhalten ab? Und wie schafft man es, sich aktiv und verantwortlich zu behaupten? Die folgenden Überlegungen erleichtern Ihnen vielleicht die *Entscheidung* für eine angemessene Selbstbehauptung.

- *Sie haben ein Recht auf Ihre Gefühle.* Gefühle brauchen keine rationale Rechtfertigung. Sie müssen nicht «vertretbar» sein und auch nicht eindeutig oder präzise in Worte zu fassen. Solange Sie nicht anderen die Schuld für das geben, was Sie fühlen, kann Ihnen nichts und niemand das Recht auf gemischte, zwiespältige oder inkonsequente Gefühle streitig machen. Gefühle sind nicht richtig oder falsch, gut oder schlecht, Gefühle sind *einfach da.*

- Erlauben Sie sich Ihre Gefühle – auch die negativen, anscheinend unangemessenen oder peinlichen.

- Stehen Sie zu Ihren Gefühlen. Sprechen Sie in der ersten Person, wenn Sie Ihre Gefühle äußern. Sagen Sie «Ich habe das Gefühl, daß ...» und nicht «Du gibst mir das Gefühl, daß ...». Vergeuden Sie keine Zeit und Energie damit, Ihre Gefühle zu erklären oder zu entschuldigen.

- Versuchen Sie, Ihre Gefühle zu erkennen und zuzulassen, anstatt sie zu verleugnen oder zu unterdrücken.

- Seien Sie manchmal dazu bereit, Ihre Gefühle spontan und «unzensiert» zum Ausdruck zu bringen. Aber tun Sie das nur um der Gefühle selbst willen, und nicht, um jemand anderen zu beeindrucken, anzugreifen oder zu verändern.

- Sprechen Sie auch inakzeptable, unpopuläre oder negative Gefühle an – selbst wenn sie damit bei Ihrem Gegenüber auf Ablehnung stoßen könnten. Die Gefahr einer Zurückweisung ist geringer, wenn Sie sich offen zu dem bekennen, was Sie empfinden. Letztendlich fahren Sie mit Ehrlichkeit besser als mit Unaufrichtigkeit und Manipulation.

- Vergessen Sie nie, daß Sie ein Recht auf Ihre persönlichen Überzeugungen und Wertvorstellungen haben – so wie jeder andere auch. Und Sie haben das Recht, diese Überzeugungen auszusprechen und nach ihnen zu handeln, so lange Sie dadurch nicht die Rechte eines anderen Menschen verletzen.

• Machen Sie sich klar, daß Auseinandersetzungen und Konflikte in einer Beziehung – wenn sie angemessen ausgetragen werden – eine bereichernde Erfahrung für beide Beteiligten sein können. Wenn der andere eine offene Auseinandersetzung mit dem Ziel, einen Konflikt zwischen Ihnen aus dem Weg zu räumen, scheut, sollten Sie die Beziehung einmal genau unter die Lupe nehmen. Es kann sein, daß diese Sie allzusehr einengt; vielleicht werden Sie auf Meinungen und Verhaltensweisen festgelegt, die zwar für den anderen akzeptabel sind, Sie aber zwingen, Anteile von sich selbst zu verleugnen, deren Anerkennung und Ausdruck sehr wichtig für Sie wären.

Mit diesen Richtlinien im Hinterkopf wollen wir uns nun einmal mit speziellen Situationen befassen, in denen Selbstbehauptung nötig sein kann. Wenn jemand Ihre Gefühle verletzt, rücksichtslos handelt, Sie herabsetzt, versteckte Andeutungen macht oder versucht, in Ihnen Schuldgefühle zu erwecken, ziehen Sie sich nicht in den Schmollwinkel zurück. Hüten Sie sich in solchen Situationen davor, sofort nach einer Erklärung oder Entschuldigung für das Verhalten Ihres Gegenübers zu suchen («Er hat es sicher nicht so gemeint» oder «So ist sie eben»). Wenn Sie sich Ihre Empörung und Ihre Wut verkneifen, ist die Gefahr groß, daß sich die negativen Gefühle gegen Sie selbst richten – und Sie depressiv werden. Wenn Sie alles über sich ergehen lassen, zeigen Sie damit den anderen, daß sie sich Ihnen gegenüber alles herausnehmen können. Und wenn Sie Ihren Ärger herunterschlucken, lassen Sie ihn vielleicht irgendwann an jemand anderem aus – und handeln sich Schuldgefühle ein, wenn es dann den Falschen trifft.

Gehören Sie zu den Leuten, die immer «lieb und nett» sind und sich Kränkungen, Ärgernisse und Sorgen nicht anmerken lassen? Wenn das so ist, dann wissen Sie wahrscheinlich mittlerweile, daß sich solche Empfindungen nicht einfach in Luft auflösen, sondern sich aufstauen. Ohne es sich bewußt zu machen, stecken Sie vielleicht eine «Ungerechtigkeit» nach der anderen in einen Sack, den Sie mit sich herumtragen, und wenn dieser Sack zu schwer oder zu voll wird, platzt er einfach. Und dann rechtfertigen Sie Ihren «völlig unerwarteten» Ausbruch damit, daß Sie sagen (oder denken): «Irgendwann ist eben Schluß!»

Lassen Sie in Ihren Beziehungen zu anderen keine Rechnungen offen. Frust, Ärger und Wut werden sonst immer mächtiger. Sagen Sie deshalb möglichst immer gleich, was los ist. Es ist viel besser, kleine Verletzungen und Ärgernisse anzusprechen, als zu warten, bis sie sich zu blinder Wut aufgestaut haben. Wenn Sie Ihre Gefühle nicht sofort zum Ausdruck bringen, bleiben Sie auf Ihrer Wut und Ihrer Enttäuschung sitzen und zerbrechen sich möglicherweise noch lange den Kopf darüber, wie Sie «eigentlich» hätten reagieren sollen – aber es wahrscheinlich nie tun werden.

Je länger Sie es aufschieben, einem Gefühl Ausdruck zu verschaffen, um so blöder kommen Sie sich vor, wenn Sie es schließlich doch tun. Wenn Sie dem anderen dann erklären, was in Ihnen vorgegangen ist, wird er Sie vielleicht (und zwar mit Recht) fragen: «Warum, um alles in der Welt, sagst du mir das erst jetzt?» Wenn es unausgesprochene Dinge gibt, die Sie beschäftigen, weil Sie sich bislang nichts haben anmerken lassen – versuchen Sie, Möglichkeiten zu finden, diesen Gefühlen Luft zu machen. Verborgene und unterdrückte Gefühle verursachen Streß und vergiften Ihr Leben mit Bitterkeit und Ärger. Selbstbehauptung – ich spreche nicht von aggressiver Rücksichtslosigkeit oder Ellenbogenmentalität – stärkt das Selbstvertrauen und führt dazu, daß Sie mehr Kraft in sich spüren und das Gefühl bekommen, sich selbst und die Situation im Griff zu haben; darüber hinaus verringert sie deutlich die Gefahr, depressiv zu werden.

Angenommen, jemand provoziert Sie oder mäkelt an Ihnen herum und Sie merken, daß Sie sauer werden. Wie könnten Sie mit der Situation umgehen? Zuerst einmal sollten Sie sich Ihren Ärger eingestehen, anstatt ihn vor sich selbst zu verbergen oder ihm durch schwarzen Humor oder vorschnelle Erklärungen («Er hat sich sicher nichts dabei gedacht») die Grundlage zu entziehen. Verzögern Sie Ihre unmittelbare Reaktion, vielleicht indem Sie so tun, als sei Ihnen der Auslöser für Ihren Ärger nicht ganz klar. Sie können sagen: «Ich bin mir nicht sicher, wie ich das zu verstehen habe, was du gerade gesagt hast. Könntest du bitte noch etwas mehr dazu sagen?» Wenn Ihr Gegenüber nicht vorhatte, Sie zu ärgern, hat es nun die

Gelegenheit, seine Bemerkung richtigzustellen. Wenn die «Spitze» aber beabsichtigt war, merkt es nun, daß Sie nicht gewillt sind, sich diese Provokationen gefallen zu lassen. Wenn der andere an diesem Punkt sein Verhalten nicht ändert, könnten Sie vorsichtig eine Auseinandersetzung beginnen, indem Sie sagen: «Ich fühle mich nicht wohl mit dem, was du gesagt hast», anstatt gleich loszuplatzen: «Du hast sie wohl nicht alle, ich könnte dich umbringen!» Wenn Sie zu Ihren Gefühlen stehen, darauf achten, in der ersten Person zu sprechen, und nicht sofort Ihr Gegenüber mit Vorwürfen zu überschütten, wird das sowohl Ihnen als auch der Beziehung guttun.

Wenn Sie sich außerdem zu Ihrem Anteil an dem Mißverständnis bekennen – eine falsche Wahrnehmung oder eine Überreaktion –, fühlt sich der andere wahrscheinlich nicht so angegriffen. Er hat die Möglichkeit, sein Gesicht zu wahren, und kann seine Bemerkung erklären bzw. richtigstellen oder überhaupt erst einmal überlegen, wie sie auf Sie gewirkt hat. Wenn der andere sich wirklich Gedanken macht und es ihm leid tut, ist das Problem damit vermutlich sofort aus der Welt geschafft. Wenn er sich aber aufregt oder darauf besteht, es «doch nicht so gemeint» zu haben, oder Ihnen vorwirft, «eine Mimose» zu sein, kann das ein Hinweis für Sie sein, daß er Ihnen tatsächlich eins auswischen wollte. An diesem Punkt könnten Sie sagen: «Vielleicht hast du es ja wirklich nicht so gemeint, aber mir macht das zu schaffen, was du gesagt hast, und ich will, daß du das weißt.» Versuchen Sie aber, die *Auswirkung* der verletzenden Bemerkung auf Sie in den Vordergrund zu stellen, anstatt die vermutete dahinterstehende Absicht – die sowieso nicht zu beweisen ist, es sei denn, der andere legt die Karten offen auf den Tisch. Und da die kränkende Bemerkung ja auch nicht mehr rückgängig zu machen ist, sollte es Ihnen mehr darauf ankommen, auf das zukünftige Verhalten Ihres Gegenübers Einfluß zu nehmen. Sie wissen nun, daß dieser Mensch in der Lage ist, Äußerungen von sich zu geben, die Ihnen weh tun; Sie haben ihn gebeten, in Zukunft bestimmte Dinge nicht mehr zu sagen, die Sie verletzen oder ärgern, *egal* in welcher Absicht. Auf jeden Fall ist es eine Genugtuung für Sie, direkt etwas zu unternehmen, wenn die Sache passiert, und das ohne gleich vor lauter Wut mit den Fäusten auf Ihr Gegenüber loszugehen.

140

Wer zu Schuldgefühlen neigt, reagiert häufig besonders stark auf «passiv-aggressives» Verhalten seiner Mitmenschen. Mit «passiv-aggressiv» meine ich Verhaltensweisen, die an der Oberfläche positiv und harmlos erscheinen, unterschwellig jedoch vorwurfsvoll und kritisch sind. Der Umgang mit einem passiv-aggressiven Menschen führt häufig zu unbestimmten Schuldgefühlen oder Ärger, ohne daß man sich über die Quelle dieser Gefühle im klaren ist. Das passiv-aggressive Gegenüber wird nicht wütend und stellt keine Forderungen; es erscheint immer freundschaftlich und beherrscht. Bei genauerem Hinsehen zeigt sich jedoch, daß ein solcher Mensch es oft schafft, daß sich andere schuldig oder allgemein unzulänglich fühlen, und zwar mit so «harmlosen» Bemerkungen und Fragen wie: «Das machst du bestimmt nicht noch einmal, stimmt's?» oder «Ich verstehe gar nicht, warum du dich so aufregst.» Weitere typische Äußerungen, die auf passiv-aggressives Verhalten hinweisen, sind: «Das ist schon in Ordnung, macht mir gar nichts aus», «Mach Dir keine Gedanken meinetwegen. Mach einfach, was du willst» oder «Mary hat so tolle Kinder. Und die machen sich beim Spielen nie so schmutzig wie deine.»

Wer nicht zu Schuldgefühlen neigt, schafft es vielleicht, die böswilligen Anspielungen und die subtile Kritik von seiten eines passiv-aggressiven Menschen zu ignorieren. Wer aber anfällig für Depressionen ist und sowieso schon an Schuldgefühlen und Selbstkritik zu knacken hat, gibt eine perfekte Zielscheibe für passiv-aggressive Personen ab. Wenn Sie zu Schuldgefühlen neigen, halten Sie ein Auge auf alle passiv-aggressiven Menschen, mit denen Sie zu tun haben.

Wenn Sie anfangen, depressiv auf die Art und Weise zu reagieren, wie Sie von jemandem behandelt werden, überlegen Sie sich, was genau dieser jemand Ihnen vermittelt, auch wenn Sie es nicht an bestimmten Situationen oder Bemerkungen festmachen können. Wenn es sich häufig oder auch nur manchmal um angedeutete Kritik oder Werturteile handelt, haben Sie es wahrscheinlich mit einem passiv-aggressiven Menschen zu tun, der möglicherweise selbst gar nicht ahnt, daß er diese Neigung hat. Es gibt vor allem drei Dinge, die Sie im Umgang mit passiv-aggressiven Menschen beachten sollten.

1. Dulden Sie keine Unklarheit. Finden Sie genau heraus, was Ihr Gegenüber eigentlich sagt. Um sein Ziel zu erreichen, braucht ein passiv-aggressiver Mensch viel Raum und mehrdeutige Kommunikation. Vage Anspielungen und Aussagen, in denen unklar formulierte Kritik mitschwingt, sollten sofort genauer betrachtet werden. Wenn passiv-aggressive Menschen glauben, man lasse ihnen ihre Gemeinheiten einfach durchgehen, machen sie damit weiter. In der Regel hat es allerdings keinen Zweck, direkt eine Auseinandersetzung zu beginnen mit Worten wie: «Du willst doch wohl nicht sagen, daß …?» Oft laviert sich Ihr Gegenüber dann irgendwie aus der Sache heraus oder redet um den heißen Brei herum, und Sie kommen keinen Schritt weiter. Wenn Sie einen passiv-aggressiven Menschen dazu bringen wollen, sich klar und deutlich zu auszudrücken, äußern Sie keine Vermutungen. Stellen Sie sich einfach dumm. Schauen Sie ihn ratlos-fragend an, und sagen Sie: «Mir ist nicht klar, worauf du hinaus willst» oder «Ich bin mir nicht sicher, was du damit meinst.» Wenn der andere auf Ihren Versuch, eine Erklärung zu bekommen, mit dem Vorwurf kontert, Sie seien zu empfindlich oder würden das Ganze zu ernst nehmen, überhören Sie das. Er muß lernen, daß Sie ihm diese Art von Kritik nicht so einfach durchgehen lassen!

2. Lassen Sie sich gar nicht erst auf passiv-aggressive Spielchen mit Ihrem Gegenüber ein. Sagen Sie nicht: «Von dir lasse ich mich nicht provozieren, die Freude mache ich dir nicht.» Dadurch würden Sie dem passiv-aggressiven Menschen nur den Raum zugestehen, den er für sein Spiel braucht, und sich selbst außerdem in die Rolle des Opfers begeben. Das passiv-aggressive Spiel könnten Sie nur schwer gewinnen, es sei denn, Sie halten sich an die Regeln, die Ihr Gegenpart vorgibt, und der Zufall will es, daß Sie ihn schlagen. Aber selbst dann würden Sie sich bestimmt nicht besonders gut fühlen: Zwar wären Sie «eine Runde weiter», hätten den anderen aber grundsätzlich in seinem Verhalten bestärkt.

3. Versuchen Sie, einem passiv-aggressiven Menschen gegenüber nicht die Beherrschung zu verlieren. Jedesmal, wenn Sie Ihrem Ärger freien Lauf lassen, wird sich Ihr Gegenüber gekränkt zeigen – als Opfer Ihrer Überempfindlichkeit. Als Reaktion darauf werden Sie sich schuldig fühlen, sich albern vorkommen und vielleicht auch noch wütender werden. Wenn Sie merken, daß Sie sauer und wütend werden, sollten Sie vielleicht einfach in sich zusammensinken und zugeben, verletzt zu sein und es nicht mehr auszuhalten, anstatt aus der Haut zu fahren. Zwar kann der andere dann Ihr Recht anzweifeln, «ohne Grund» verletzt zu sein, er kann aber nicht bestreiten, daß Sie sich so fühlen, wie Sie sich eben fühlen. Sie könnten sogar sagen: «Ich weiß, daß du es wahrscheinlich nicht böse gemeint hast, aber ich bin sehr deprimiert und möchte jetzt lieber nicht mehr mit dir sprechen.»

Wenn es sich bei Ihrem passiv-aggressiven Gegenüber allerdings um Ihre Mutter oder Ihren Vater handelt, die oder der gar nicht begreift, worum es geht, und keine Bereitschaft an den Tag legt, etwas an sich zu verändern, müssen Sie sich möglicherweise etwas anderes überlegen. Wenn Ihnen z. B. beim Telefonieren mit Ihrer Mutter oder Ihrem Vater eine subtile passiv-aggressive Bemerkung sauer aufstößt, könnten Sie sagen: «Ich bin plötzlich sehr deprimiert; ich weiß gar nicht genau, warum. Ich glaube, ich möchte lieber auflegen.» Werden Sie dann gefragt: «Habe ich etwas Falsches gesagt?», könnten Sie antworten: «Hm, ich weiß es nicht. Daran hatte ich gar nicht gedacht. Meinst Du, Du hast etwas Falsches gesagt?» Auf diese Weise machen Sie Ihren Vater oder Ihre Mutter darauf aufmerksam, daß bestimmte Aussagen, die in dem Gespräch gefallen sind, Sie so gestört haben, daß Sie es nicht fortsetzen wollen – und daß Sie möglicherweise erst dann mit der Beziehung zufrieden sind, wenn diese Art von Kommunikation nicht mehr vorkommt. Wenn Ihre Mutter oder Ihr Vater immer schon zu passiv-aggressivem Verhalten neigte, haben Sie schon genug Negatives aufgeschnappt, woran Sie den Rest Ihres Lebens zu knabbern haben; beschließen Sie, daß da nicht noch mehr hinzukommen soll.

In meinen Augen zeigt auch derjenige, der «sein letztes Hemd für andere gibt» eine Form passiv-aggressiven Verhaltens. Ich meine solche Menschen, die sich – scheinbar aus reiner Nächstenliebe – für andere aufopfern. Lernen Sie, Ihren Gefühlen zu trauen, wenn Sie es mit einem dieser wunderbaren Menschen zu tun haben, die so viel geben und nichts dafür verlangen – zumindest nicht direkt. Ihre erste Reaktion ist oft Dankbarkeit, später aber regen sich Schuldgefühle und schließlich Ärger. *Wieso Ärger?* Nun, wenn wir Geschenke oder Gefälligkeiten von jemandem annehmen, besteht in der Regel eine unausgesprochene Verpflichtung, etwas zurückzugeben. Revanchiert man sich nicht, kommt es fast automatisch zu Schuldgefühlen. Somit fühlt man sich oft gedrängt, mehr für jemanden zu tun, als man eigentlich will oder sich aus Zeitgründen erlauben kann, was natürlich Ärger erzeugen kann.

Wenn Sie merken, daß der Umgang mit jemandem, der sich «für andere zerreißt», über Ihre Kräfte geht, machen Sie sich klar, daß Sie einfach nicht in der Lage sind, viel für andere Leute zu tun. Sie haben familiäre Verpflichtungen oder einen vollen Terminkalender und wollen niemanden damit enttäuschen, daß Sie sich nicht für seine «Wohltaten» revanchieren. Lehnen Sie die angebotenen Geschenke und Gefälligkeiten entweder einfach ab, oder, falls Ihnen das unangenehm ist, lassen Sie Ihr Gegenüber so lange weitermachen, bis es genug hat und sich ein anderes Opfer sucht.

Ziehen Sie sich nicht den Schuh an und versuchen, andere Menschen umzukrempeln. Wohl aber sollten Sie versuchen, Ihr Selbstbild und Selbstwertgefühl vor den subtilen Angriffen passiv-aggressiver Menschen zu schützen. Diese sind nicht grundsätzlich schlechte Menschen; oft besitzen sie Eigenschaften, die Sie sehr schätzen, und aus diesem Grunde entscheiden Sie sich vielleicht dafür, den Kontakt aufrechtzuerhalten. Wenn es sich um einen Elternteil handelt, können Sie ihn sowieso nicht einfach wegen einer gelegentlichen «falsch verstandenen» Bemerkung von Ihrer Liste streichen. Aber Sie können nach effektiven Möglichkeiten suchen, klar und direkt mit Ihren Mitmenschen umzugehen und diese zu ermutigen, das gleiche zu tun.

19. Kapitel

Meinen Ärger und meine Wut durcharbeiten

«Wenn man es sich einmal genau überlegt, kommt es gar nicht so plötzlich und unerwartet zu Wutausbrüchen.»

Da unterdrückte Aggressionen als eine der Hauptursachen für Depressionen angesehen werden, gehört es zu den wichtigsten Schritten für jemanden, der seine Neigung zu Depressionen überwinden will, die Quellen für Aggressionen und die Art und Weise, wie er gewohnheitsmäßig mit ihnen umgeht, zu ergründen.

Dinge, die uns stören, aufregen oder auf die Nerven gehen, gibt es immer wieder im Leben; manchmal häufen sie sich und werden zu einer ziemlich starken Macht. Aber unseren Ärger einfach an dem vermeintlich Schuldigen auszulassen bringt uns nicht viel weiter. Wenn wir verstehen wollen, was wirklich in uns vorgeht, oder wenn wir lernen wollen, konstruktiver mit der Situation umzugehen, dürfen wir nicht einfach «auszurasten». Dieses Ausrasten steht oft in keinem vernünftigen Verhältnis zu dem Anlaß des Ärgers. Oft hinterläßt es Scham und Schuldgefühle, weil die Wut an dem Falschen ausgelassen wurde und man sich durch sein impulsives Verhalten «unmöglich gemacht» hat.

Ich glaube, daß manche Psychologen die Sache zu einfach sehen, wenn sie meinen, wir könnten uns frei dafür entscheiden, uns nicht zu ärgern. Wenn sich nichts an der zugrundeliegenden Psychodynamik ändert und wir nicht anders mit den Situationen umgehen, die uns so aggressiv machen, ist die Entscheidungsfreiheit sehr beschränkt. Und sie besteht wohl auch nur dann, wenn es noch früh genug ist und sich noch nicht zuviel Ärger angestaut hat.

Oftmals lassen sich aggressive Zusammenstöße vermeiden, wenn es eine Einsicht in die inneren und zwischenmenschlichen Faktoren gibt, die zum Entstehen der Aggressionen geführt haben. Wenn Sie meinen, daß Ihre Neigung zu Depressionen zu einem gewissen Teil mit unterdrückten oder fehlgeleiteten Aggressionen zu tun hat, sollten Sie sich einmal genau die Situationen anschauen, die Sie ärgerlich werden lassen, sowie die Bedingungen, die es Ihnen schwer machen, nicht die Beherrschung zu verlieren. Dazu gehören auch Aggressionen, die in Form von Schuldgefühlen, Selbstvorwürfen und dem Bedürfnis, sich selbst zu bestrafen – den typischen Kennzeichen einer depressiven Verfassung – in Ihnen gären.

Wie ich bereits betont habe, reagieren Menschen, die zu Depressionen neigen, aufgrund Ihrer Schuldgefühle, Ihres niedrigen Selbstwertgefühls und des damit einhergehenden Bedürfnisses nach Bestätigung sehr sensibel auf Kritik und Anfeindungen von außen; ihre große Sensibilität macht sie sehr verletzlich. Vielen Menschen aber fällt es schwer, offen zuzugeben, daß sie verletzt sind, und das damit einhergehende Gefühl zuzulassen, angreifbar und schwach zu sein. Oft schlagen sie zurück oder explodieren, noch ehe Sie überhaupt spüren, daß sie verletzt sind. Ärger und Wut lenken ab von dem schmerzlichen Gefühl, verletzbar zu sein, und verschaffen einem die Illusion von Stärke. Und mit ihrer aggressiven Reaktion lösen sie oft negative Gefühle und Ärger beim Gegenüber aus und bewirken, daß schließlich beide aggressiv werden oder in die Defensive gehen, anstatt konstruktiv miteinander zu kommunizieren.

Wenn Sie den Mut aufbringen, zuzugeben, daß Sie verletzt sind – zuerst vor sich und dann vor dem Menschen, der Sie verletzt hat – wird das Gespräch für beide Beteiligten sehr viel konstruktiver verlaufen. Ihr Bekenntnis, verletzbar zu sein, wird sehr entwaffnend wirken und Ihr Gegenüber wahrscheinlich dazu ermutigen, sich in Sie einzufühlen, anstatt defensiv zu reagieren oder zum Gegenschlag auszuholen.

Manchmal sind Aggressionen auch die Folge eines überzogenen Verantwortungsgefühls. Wenn Sie sich für alles und jedes verantwortlich fühlen, spüren Sie vielleicht Schuldgefühle wegen Dingen, die gar nicht in Ihrer Hand liegen und für die Sie überhaupt keine Verantwortung tragen. So reagiert z. B. eine übertrieben verantwortungsbewußte Mutter, die wütend mit ihrem durchnäßten und frierenden Sohn schimpft, weil der Teenager keinen Regenmantel mit in die Schule genommen hat: Vielleicht fühlt sie sich schuldig, weil sie meint, es wäre eigentlich ihre Pflicht gewesen, ihn an den Mantel zu erinnern. Wenn er sich erkältet, wird sie womöglich noch wütender, weil sie ihm zusätzlich noch ihre eigenen Schuldgefühle ankreidet. Wenn sie die Verantwortung für eine angemessene Bekleidung da gelassen hätte, wo sie hingehört – auf die Schultern des Jugendlichen –, hätte die Mutter erst gar keine Schuldgefühle bekommen und hätte auch keine Aggressionen entwickelt.

Übernehmen Sie immer nur die Verantwortung für Ihr eigenes Tun und Ihre eigenen Aufgaben. So können Sie die Neigung überwinden, sich ständig schuldig zu fühlen und sich selbst und anderen Vorwürfe zu machen. Und nur wenn Sie nicht die ganze Zeit damit beschäftigt sind, für andere die Verantwortung zu übernehmen, können Sie *Ihrer eigenen* Verantwortung voll und ganz gerecht werden. *Erinnern Sie sich so oft wie möglich daran, daß Sie nur Ihre eigenen Gefühle, Gedanken und Handlungen in der Hand haben und auch nur dafür verantwortlich sind.* Manchmal werden wir wütend auf Leute, weil wir das Gefühl haben, sie hätten etwas gegen uns. Woher stammt diese Empfindlichkeit? Wenn wir depressiv sind, werden wir sehr selbstkritisch, unser Selbstwertgefühl sinkt gegen Null und wir mißtrauen unseren Gefühlen. Unser niedriges Selbstwertgefühl läßt unser Bedürfnis nach Anerkennung von außen stärker werden. Mißtrauen gegenüber unseren eigenen Gefühlen führt dazu, daß wir ständig auf positive Rückmeldung angewiesen sind. Damit bekommen andere Menschen viel Macht über uns – zumindest in unseren, nicht unbedingt in ihren Augen. Wenn wir also depressiv sind und uns selbst nicht leiden können, meinen wir vielleicht, daß andere Menschen genauso unzufrieden mit uns sind wie wir selbst. Wir projizieren unsere eigene negative Meinung über uns selbst auf andere und werden dann wütend, weil sie vermeintlich so schlecht von uns denken. Vielleicht stellen wir uns auch vor, andere hätten dieselben hohen Erwartungen an uns wie wir selbst, fühlen uns schuldig, weil wir diese Erwartungen nicht erfüllen, und nehmen es ihnen übel, so viel von uns zu erwarten!

Unsere Unzufriedenheit mit uns selbst und unser Bedürfnis nach Bestätigung von außen führen dazu, daß die tatsächlichen oder vermeintlichen Erwartungen, Forderungen und Wünsche anderer große Bedeutung für uns erlangen. Unsere Bedürftigkeit scheint anderen viel Macht zu verleihen. Wenn wir dann den Eindruck bekommen, jemand würde versuchen, Schuldgefühle in uns hervorzurufen, uns auszunutzen oder zu beherrschen, reagieren wir manchmal mit einem Verzweiflungsakt – einem heftigen Wutausbruch. Beispielsweise fragt ein Kind: «Mama, kann ich einen Kuchen backen?» Mama, die vielleicht müde und genervt ist und keine Lust auf ein Riesenchaos in ihrer Küche hat, antwortet: «Nein, mein Schatz.» Das Kind drängt: «Bitte, Mama!?» Mama explodiert. Warum? Vielleicht liegt es daran, daß Mama das Gefühl hat, als gute Mutter müßte sie Experimente ihres Kindes in der Küche eigentlich dulden und dazu bereit sein, hinterher alles wieder aufzuräumen. *Schon hat sie Schuldgefühle.* Und wenn sie sich so schuldig und hilflos fühlt, meint sie vielleicht, das Kind versuche «bewußt», sie zu manipulieren und sie dazu zu bringen, ihm etwas zu erlauben, was ihr nicht paßt. In anderen Worten, wenn wir zu Schuldgefühlen neigen, werden wir leicht wütend, wenn uns jemand um etwas bittet, weil wir wissen, daß wir uns schuldig fühlen, wenn wir es ihm abschlagen.

Vergessen Sie nicht, daß Sie auch Rechte haben. Sie müssen nicht alles tun, was man von Ihnen verlangt. Sie können jede Bitte freundlich, aber bestimmt ablehnen – ohne sich schuldig zu fühlen oder zu meinen, gleich einen Wutanfall bekommen zu müssen, um gehört zu werden oder sich durchzusetzen. Sie können einfach sagen, daß Sie nicht gewillt sind, der Forderung oder dem Wunsch nachzukommen. Stehen Sie einfach zu Ihrem Entschluß, anstatt aus Verzweiflung wütend zu werden, weil Sie meinen, Ihr Gegenüber lege es darauf an, Ihnen Schuldgefühle zu machen. Auch wenn die Neigung zu Schuldgefühlen Ihre Achillesferse ist, müssen Sie sich nicht nach diesen Gefühlen richten. Trotz Ihrer Schuldgefühle können Sie sich mit Hilfe Ihres Verstandes dafür entscheiden, sich zu beherrschen und ruhig und gelassen auf Ihrer Position zu bestehen!

Sie können sich *jedem* Versuch, Sie zu manipulieren, mit einem einzigen Wort widersetzen: «Nein.» Warum sich groß aufregen über eine *versuchte* Manipulation? Wenn Ihr Gegenüber es nicht schafft,

Sie nach seiner Pfeife tanzen zu lassen, gibt es eigentlich keinen Grund, sich aufzuregen. Der andere hat das Recht, *zu versuchen,* Sie dazu zu bringen, ihm einen Wunsch zu erfüllen ... genauso wie Sie das Recht haben, ihm den Wunsch abzuschlagen und sich um Ihre eigenen Bedürfnisse zu kümmern. Angenommen, jemand versucht, Sie dazu zu bringen, etwas Bestimmtes für ihn zu tun. Warum sagen Sie nicht einfach: «Sorry, das geht nicht.» Eine Erklärung müssen Sie nicht geben. Wenn Ihr Gegenüber eine verlangt, entgegnen Sie ihm etwas wie: «Ich möchte das jetzt nicht erklären» oder «Das zu erklären wäre zu kompliziert.» Wenn Sie keine Bereitschaft erkennen lassen, eine Erklärung abzugeben, und einfach fest darauf bestehen, daß Sie den Wunsch Ihres Gegenübers nicht erfüllen können, werden Sie wahrscheinlich bald in Ruhe gelassen. Aber wenn Sie unsicher, nervös, uneins mit sich selbst und von Schuldgefühlen geplagt erscheinen, meinen die Leute wahrscheinlich, Sie seien leicht umzustimmen und sie könnten Sie doch noch dazu bringen, zu tun, was *sie* wollen.

Wenn Sie grundsätzlich zufrieden mit sich sind, ist es viel einfacher, eine Situation im Griff zu behalten und Beeinflussungsversuchen anderer etwas entgegenzusetzen. Solange Sie aber geknickt und mutlos sind, stellen Sie ein gefundenes Fressen für Menschen dar, die gern die Schuld denen in die Schuhe schieben, die sich nicht wehren. Es ist kein Zufall, daß Menschen, die sich in die Opferrolle begeben, auch besonders häufig zum Opfer werden. Wenn Sie mit einer Sammelbüchse für Schuld hausieren gehen, finden sich immer großzügige Spender!

Vielleicht tragen selbst dazu bei, von anderen ausgenutzt zu werden. So geben Sie vielleicht Ihr letztes Hemd für andere und meinen, dadurch irgendwann doch noch etwas zufriedener mit sich werden zu können. Sie geben so viel, daß die anderen es gar nicht schaffen können, sich angemessen bei Ihnen zu revanchieren. Oder aber sie haben nicht die Zeit oder Lust, sich erkenntlich zu zeigen, oder betrachten ihre «Großzügigkeit» als Bestechungsversuch. Noch schlimmer ist es, wenn die Empfänger irgendwann Ihre Geschenke und Gefälligkeiten für selbstverständlich erachten und fest damit rechnen, daß Sie sich auch weiterhin so freigiebig zeigen. Weil Sie ein so gutherziger Mensch sind, tragen sie immer mehr Bitten an

Sie heran und erwarten noch großzügigere Gaben. Irgendwann werden Sie sehr sauer werden und sich nicht anders zu wehren wissen, als durch einen Wutanfall. Oder Sie werden depressiv, weil Sie das Gefühl haben, die Leute halten alles für selbstverständlich, was Sie für sie tun. *Aber wessen Schuld ist das?*

Immer wenn Sie sich ausgenutzt fühlen, sollten Sie sich gleich die Frage stellen: «Was trage *ich* eigentlich dazu bei, daß man mich ausnutzt?» Letztlich entscheiden wir selbst, wieviel wir anderen geben wollen, und sind immer auch selbst daran beteiligt, wenn andere es sich auf unsere Kosten gutgehen lassen. Der beste Beweis dafür ist die Tatsache, daß manche Leute ständig ausgenutzt werden und andere so gut wie nie. Lassen Sie uns einige allgemeine Richtlinien für den erfolgreichen Umgang mit Aggressionen betrachten.

Zwar braucht es viel Arbeit und Zeit, Grundlegendes an sich zu verändern, einige Probleme lassen sich aber mit Hilfe einfacher Kunstgriffe recht schnell aus der Welt zu schaffen. So können Sie zum Beispiel lernen, Situationen anders zu gestalten und Gelegenheiten, sich aufzuregen, erst gar nicht aufkommen zu lassen. Dies ist möglich, indem Sie Ihre Reaktionen auf ärgerprovozierende Situationen verändern und sich bestimmte Methoden aneignen, die Ihnen den Umgang mit zwischenmenschlichen Problemen erleichtern.

Durch andere Menschen provozierter Ärger besteht in der Regel aus den folgenden drei Bestandteilen:

- körperliche Erregung,

- einem bestimmten Gedanken und

- einer Reaktion auf der Verhaltensebene.

Diese drei Elemente scheinen bei einem Wutausbruch fast gleichzeitig da zu sein. Wir spüren körperliche Anspannung; uns geht ein Satz durch den Kopf wie: «Du willst mich wohl reinlegen» oder «Damit kommst du bei mir nicht durch», und wir reagieren impulsiv. Um besser mit unseren Aggressionen umzugehen, müssen wir an allen drei Komponenten ansetzen. Ehe wir also auf die Situation reagieren, sollten wir unsere körperliche Aufregung unter Kontrolle haben, unsere Gedanken unterbrechen und verändern, uns der wichtigsten Aspekte der Situation bewußt sein und eine Antwort formulieren, mit der wir später gut leben können. Zu den unangenehmsten Erinnerungen von Menschen, die zu Depressionen neigen, gehören oft Situationen, in denen sie ihrem Ärger unmittelbar und auf unangemessene Weise – z. B. in Form eines Tobsuchtsanfalls – Luft gemacht haben und sich später entsetzlich dafür geschämt haben.

Einfach im Kopf bis zehn zu zählen erscheint vielleicht nur Mathematikern als eine geeignete Methode, es kann jedoch dazu beitragen, daß man es schafft, seinen Ärger aufzuschieben und sich dadurch spätere Gewissensbisse zu ersparen. Anstatt unsere Wut auszuzählen, ist es allerdings effektiver, ein paarmal tief durchzuatmen, bewußt seine Muskeln zu entspannen und zu versuchen, die Ruhe zu bewahren. Dr. Donald Meichenbaum, der viele neue Ideen zum Thema Umgang mit Ängsten, Wut und Schmerzen beigesteuert hat, meint, wir könnten unserem Körper damit weiterhelfen, daß wir zu ihm sprechen: «Ruhig bleiben», «Versuch einfach, dich zu entspannen», «Schalt einen Gang zurück» (Meichenbaum & Turk, 1976).

Lernen Sie, sich selbst gut zuzureden, so wie dies vielleicht ein besorgter Freund täte: «Ich habe jede Menge Zeit, eine Antwort zu finden», «Solange ich die Nerven behalte, kann mir hier gar nichts passieren» oder «Ich lasse mich dadurch nicht aus der Ruhe bringen.» Vielleicht schaffen Sie es, in der Situation ruhig mit sich selbst zu sprechen, indem Sie Gedanken verändern, die Sie früher «auf die Palme gebracht» haben; beispielsweise: «Es gibt keinen Grund, an mir zu zweifeln; was sie macht, ist mir sowieso nicht so wichtig», «Ich lasse mir nicht auf dem Kopf herumtanzen, aber ich will jetzt auch nicht ausflippen» oder «Das hätte er wohl gern, daß ich jetzt die Beherrschung verliere. Den Gefallen tue ich ihm nicht.»

Manchmal ist es nicht schlecht, sich auf eine Auseinandersetzung mit einem möglicherweise provokanten Gegenüber vorzubereiten, indem Sie sich einige Sätze zurechtlegen, mit denen Sie sich selbst an bestimmte Strategien und günstige Reaktionen erinnern: «Gehe nicht immer vom Schlimmsten aus, und ziehe keine voreiligen Schlüsse», «Versuche, die Sache positiv zu sehen», «Im Zweifel für den Angeklagten», «Nicht gleich in die Defensive gehen»,

«Versuchen wir es mal *mit*einander, statt *gegen*einander», «Vielleicht haben wir ja beide recht.» Ist der andere ganz offensichtlich streitsüchtig oder gemein, könnten Sie sich sagen: «Nimm's nicht persönlich», «Was er wohl hat?», «Das wird ihm bestimmt später leid tun» oder «Wer sich so leicht aufregt, hat bestimmt große Probleme.»

Wenn man es sich einmal genau überlegt, kommt es gar nicht so plötzlich und unerwartet zu Wutausbrüchen. Es gibt viele Warnsignale und Hinweise, die wir meist ignorieren oder verdrängen. Wenn Sie sich das nächste Mal in einer Konfliktsituation befinden, versuchen Sie, Ihre Aggressionen sofort nach ihrem Entstehen wahrzunehmen – ehe sie ganz von Ihnen Besitz ergreifen. Wenn wir Ärger im «Frühstadium» wahrnehmen, können wir versuchen, seine körperlichen Manifestationen wie angespannte Muskeln oder beschleunigte Atmung, durch die er oft noch weiter angeheizt wird, abzubauen. Wir sollten uns auch unsere Gedanken bewußt machen: Sind wir schon dabei, uns auf etwas zu versteifen, einzuschnappen, etwas übelzunehmen? In diesem Fall müssen wir uns klar darüber werden, was uns stört, und *sofort* etwas unternehmen, noch ehe sich negative Gefühle aufstauen, die dann nicht mehr zu beherrschen sind und uns zu einer Reaktion treiben, die wir später bereuen würden.

Sie können sich spezielle Strategien für den Umgang mit Menschen und Situationen überlegen, die bei Ihnen Aggressionen auslösen. Ich halte es zwar für unmöglich, sich bewußt nicht zu ärgern (Sie würden Ihre negativen Gefühle nur verdrängen und sich damit langfristig noch mehr Probleme einhandeln), aber ich denke, es ist gut möglich, Situationen gezielt zu verändern oder auch zu vermeiden, die in der Vergangenheit immer wieder Ihren Ärger provoziert haben. Suchen Sie nach einer Lösung, die es Ihnen ermöglicht, einer Situation oder Person, die Ihnen vermutlich auf die Nerven fallen oder Sie wütend machen wird, aus dem Weg zu gehen. Wenn das nicht möglich ist, sollten Sie zumindest dafür sorgen, daß Sie ein Hintertürchen haben, durch das Sie bei Bedarf schnell verschwinden können. Aber vielleicht schaffen Sie es auch, sich direkt mit den Leuten oder Situationen auseinanderzusetzen, die Sie immer wieder auf die Palme bringen, und *selbstsicher* – nicht wütend oder aggressiv – mit ihnen umzugehen. Nicht jeder Mensch in Ihrem Leben hat die gleiche «Fähigkeit», Sie wütend zu machen. Welche Menschen schaffen es am besten, Sie auf die Palme zu bringen? Was für Interaktionen oder Themen sind am ehesten dazu angetan, Ihren Ärger zu erregen? Wenn Sie jemand dazu bringt, aus der Haut zu fahren, nehmen Sie sich nach der Begegnung etwas Zeit, sich hinzusetzen und ausführlich alle Gedanken und Gefühle aufzuschreiben, die Ihnen durch den Kopf gegangen sind. Stellen Sie sich folgende Frage: Bevor ich mich aufgeregt habe, welche Hinweise und Signale gab es da, die mich vor dem bevorstehenden Wutanfall hätten warnen können? Wenn sich beispielsweise Ihre Mutter kritisch zu Ihrer Frisur äußert, könnte dies bei Ihnen ein Warnsignal dafür sein, daß sich das Gespräch auf «gefährliches Terrain» zubewegt. Wenn Sie in der Vergangenheit unzählige fruchtlose und unerfreuliche Diskussionen über diese Angelegenheit geführt haben, möchten Sie vielleicht einfach das Thema wechseln und schnellstmöglich eine andere Situation herstellen. Fragen Sie sich auch, an welchen Punkten Sie das Ganze in eine andere Richtung hätten lenken können – und es nicht getan haben, bis es zu spät war und Sie völlig Ihren Gefühlen ausgeliefert waren. Wenn Sie beispielsweise wußten, daß es jedesmal, wenn Ihre Mutter Ihnen Hilfe beim Hausputz anbietet, zu einem Streit darüber kommt, wo welches Möbelstück stehen soll, lehnen Sie ihr Angebot, Ihnen auf diese Weise behilflich zu sein, das nächste Mal einfach ab. Wenn Sie mit jemandem im Prinzip ganz gut auskommen, könnten Sie ein konstruktives Gespräch über die Schwierigkeiten führen, die Sie in der Vergangenheit miteinander hatten. Wenn Ihnen ein solches Gespräch zu heikel erscheint, überlegen Sie, ob Sie statt dessen vielleicht Ihre Gedanken aufschreiben können – auch Ihren Wunsch, etwas zu ändern, um zukünftige Probleme zu vermeiden. Dann könnten Sie das, was Sie aufgeschrieben haben, dem anderen geben. Erscheint Ihnen das als der falsche Weg, könnten Sie die Interaktion einem unbeteiligten Freund beschreiben und gemeinsam mit diesem überlegen, was Sie künftig anders machen könnten. Sie könnten auch Rollenspiele machen, um bestimmte Reaktionen einzuüben und zu lernen, in Zukunft besser mit schwierigen Menschen und schwierigen Situationen umzugehen.

Im allgemeinen ist viel gewonnen, wenn Sie Ihr Gegenüber dazu bringen können, etwas von seiner Abwehrhaltung aufzugeben. Der andere kann mit einer heftigen Reaktion ein bereits «aufgeheiztes» System zum Überkochen bringen und dazu beitragen, daß die Situation eskaliert. *Niemand* fühlt sich wohl, wenn er die Beherrschung verliert und explodiert oder wenn es dazu kommt, daß man sich gegenseitig anschreit. Auch dann nicht, wenn er als Gewinner aus der Situation hervorgeht. Einen solchen «Sieg» bezahlt man oft mit Gewissensbissen und möglicherweise dem Gefühl, sich blamiert zu haben. Und oft ist ein Verlust der Beherrschung auch mit einem Verlust an Selbstwertgefühl verbunden, selbst wenn man im Recht war. Umgekehrt tut es unserem Selbstvertrauen oft gut, feststellen zu können, daß wir uns nicht haben provozieren lassen.

Aber vergessen Sie nicht: Wenn Sie doch einmal wütend werden und aus der Haut fahren, hat das – solange es einen rationalen Grund für Ihren Ärger gibt – immerhin den Vorteil, daß Ihr Gegenüber merkt: Auch Ihre Toleranz hat Grenzen, und Sie sind nicht gewillt, sich alles gefallen zu lassen.

Wenn es aber ganz schlimm wird?

20. Kapitel

Wie ich meinem schwer depressiven Partner beistehen kann

Depressive Menschen sind oft so sehr mit ihren emotionalen Problemen beschäftigt, daß sie gar nicht merken, welche Auswirkungen ihre Depression auf ihre Angehörigen, Freunde und Kollegen hat. Wenn Ihr Partner eine Depression hat oder zu Depressionen neigt, ist es wichtig, daß Sie eine Vorstellung davon haben, was in einem depressiven Menschen vorgeht und welche Auswirkungen die Depression auf sein soziales Umfeld haben.

Depression und Beziehungen

Man sollte nicht zulassen, daß eine schwere Depression über längere Zeit unbehandelt bleibt. Lang andauernde und schwere depressive Zustände können weitere gravierende Probleme nach sich ziehen, da sie mit einer emotionalen Isolierung des Betroffenen einhergehen. Einige Dinge, die ich in diesem Kapitel sagen werde, klingen vielleicht hart für jemanden, der eine Depression durchmacht, oder auch für seine mitfühlenden Angehörigen und Freunde. Ich will hier ein paar wichtige und praktische Ratschläge geben, und dabei werde ich kein Blatt vor den Mund nehmen, denn es soll Ihnen klar werden, daß man eine Depression nicht auf die leichte Schulter nehmen darf.

Wer häufig depressiv ist und sich ständig bei seinen Freunden Beistand holt, legt nicht besonders viel oder gar kein Interesse für deren Probleme an den Tag; manchmal hat es sogar den Anschein, als nutze er die anderen schamlos aus. Problematisch daran ist, daß die Unterstützung, die ihm seitens wohlmeinender Freunde zuteil wird, oft höchstens verhindert, daß er noch tiefer in seine Depression versinkt, es ihm aber nicht ermöglicht, aktiv einen Weg aus ihr herauszufinden.

Wenn professionelle Hilfe nötig ist

«Erst quält sich nur der Depressive, später trifft es auch die Menschen um ihn herum.»

Manche depressiven Menschen halten es für selbstverständlich, daß sich ihre Angehörigen und Freunde ihrer annehmen, wenn es ihnen schlecht geht. Aber wenn die Depression so schwer ist oder die depressiven Phasen so häufig sind, daß die damit verbundenen Belastungen auch Angehörige und Freunde bis an die Grenzen ihrer Möglichkeiten bringen, sollte man nicht davor zurückscheuen, sich professionelle Hilfe zu suchen. Machen Sie sich darauf gefaßt, daß Menschen, die zu Depressionen neigen, es oft strikt ablehnen, professionelle Hilfe in Anspruch zu nehmen. Manche Menschen wollen es unbedingt allein schaffen, sich aus ihrer Depression zu befreien (und machen sich dann große Vorwürfe, wenn es ihnen nicht gelingt). Wenn aber die Inanspruchnahme professioneller Unterstützung immer weiter aufgeschoben wird, gehen schwer depressive Menschen das Risiko ein, ihr Umfeld so sehr zu belasten, daß sie damit schließlich das Unterstützungssystem zerstören, das sie sich aufgebaut haben. Schwere oder lang anhaltende Depressionen sind oft mit hohen Kosten verbunden – psychischen, sozialen und finanziellen.

Die häufig schlechte Laune des Depressiven, seine Unberechenbarkeit, negative Einstellung und Unbeherrschtheit können selbst beim einfühlsamsten und verständnisvollsten Freund oder Familienmitglied zu Frustration, Widerstand und Rückzug führen. Dazu kommt noch, daß sich aufgrund von Erschöpfung und Trägheit –

typische Merkmale einer Depression – zu Hause die Arbeit stapelt bzw. an zunehmend ausgelaugten und widerwilligen Familienangehörigen hängenbleibt. In Verbindung mit dem Gefühl, von dem Depressiven ausgenutzt oder überfordert zu werden, kann eine zunehmende Ungeduld mit ihm die vormals befriedigende Beziehung stark belasten; ja, die Auswirkungen einer langanhaltenden Depression können die emotionalen und ökonomischen Grundlagen einer ganzen Familie gefährden.

«Das ist zu teuer!» Dies ist ein weiteres Argument, mit dem viele Leute begründen, warum sie sich mit ihrer Depression nicht in professionelle Behandlung begeben. Meiner Meinung nach kann es für jemanden, der schwer oder häufig depressiv ist, im Endeffekt viel teurer werden, wenn er sich *keine* Hilfe holt. So schlägt sich eine andauernde Depression irgendwann meist auch auf die berufliche Leistungsfähigkeit nieder, so daß möglicherweise irgendwann sogar der Arbeitsplatz gefährdet ist. Fühlt sich der Depressive in seinem Beruf immer mehr überfordert und schafft auch tatsächlich nicht mehr so viel wie vorher, verliert er eine wichtige Möglichkeit, Befriedigung und Bestätigung zu finden.

Dies kann die emotionale Abwärtsspirale, in der sich der depressive Mensch befindet, weiter beschleunigen. Und es ist kein Geheimnis, daß nicht alle Arbeitgeber mit Mitgefühl und Geduld auf Beschäftigte reagieren, die mit persönlichen Problemen zu kämpfen haben. Oftmals werden sie im Gegenteil schon bei dem leichtesten Hinweis auf emotionale Probleme – ob sie nun selbst etwas beobachten oder es ihnen von anderen zugetragen wird – nervös und zeigen wenig Toleranz. Dies ist höchst bedauerlich und unfair, aber es ist eine Realität – und ein weiterer Grund dafür, sich professionelle Hilfe zu suchen, wenn man unter schweren, häufig wiederkehrenden oder langanhaltenden Depressionen leidet.

Wenn jemand, der schwer depressiv ist, nicht von sich aus professionellen Beistand in Anspruch nimmt, ist es sowohl angemessen als auch ein Zeichen von Mitgefühl, wenn sich jemand anderes – Ehepartner, Verwandter, enger Freund oder Kollege – aktiv um professionelle Hilfe für den Betroffenen bemüht. Im Idealfall sollte dies geschehen, sobald deutlich wird, daß es sich um mehr als bloß eine schlechte Laune oder vorübergehende Verstimmung handelt und daß der Depressive auch mit Selbsthilfemethoden nicht weiterkommt. Je länger eine ernste Depression unbehandelt bleibt, um so gravierender fallen die Auswirkungen für den Betroffenen aus. Die Probleme ziehen immer weitere Kreise. Erst quält sich nur der Depressive, später trifft es auch die Menschen um ihn herum. Generell läßt sich sagen, daß die Behandlung um so weniger aufwendig sein wird, je früher sie beginnt. Und wenn man eine notwendige Therapie oder Beratung so lange hinausschiebt, bis schließlich sogar eine stationäre Behandlung notwendig wird, geht das nicht ohne schwerwiegende Konsequenzen für den depressiven Menschen und seine Angehörigen vonstatten.

Hilfen für Ihren Partner und für sich selbst

Als Partner eines Menschen, der zu Depressionen neigt, gibt es einige Dinge, die Sie tun – oder bewußt nicht tun – können, um Ihrem Partner zu helfen, unabhängig davon, ob eine Behandlung erfolgt oder nicht. Genauso wichtig ist, daß Sie etwas für sich selbst tun, daß Sie nämlich mit Ihren Kräften haushalten und sich um Ihre eigenen Bedürfnisse kümmern, während Sie versuchen, Ihren Partner wirkungsvoll zu unterstützen.

Spezielle Probleme im Miteinander von depressiven und nichtdepressiven Menschen

«Schauen Sie sich die Depression Ihres Partners genau an.»

Menschen, die zu Depressionen neigen, fühlen sich anscheinend eher zu Menschen hingezogen, die relativ ausgeglichen und stabil sind – oder es zumindest zu sein scheinen – als zu «ihresgleichen». Vielleicht ist dies ein Versuch, im Partner ein Gegengewicht zu ihrem eigenen Charakter zu finden. Obwohl es natürlich Vorteile hat, wenn in einer Partnerschaft nur einer der Beteiligten zu Depressionen neigt, so ist es doch für den nichtdepressiven Partner schwierig, nachzuvollziehen, was der depressive durchmacht. Manche Menschen kennen überhaupt keine depressiven Zustände. Andere wiederum erlauben sich einfach keine «Durchhänger» und schaffen es immer wieder, eine schlechte Stimmung durch hektische Betriebsamkeit in Schach zu halten. Für solche Menschen kann es sehr schwer sein, sich klar zu machen, was es heißt, depressiv zu sein.

Jemand, der selbst überhaupt keine Erfahrungen mit depressiven Stimmungen hat, reagiert auf die Depressionen seines Partners oft mit Verwirrung und Hilflosigkeit. Manchen fällt es sehr schwer, die Stimmung des depressiven Partners einfach so hinzunehmen, ohne falsche Schlüsse zu ziehen. Wer Depressionen nicht am eigenen Leib erfahren hat, sieht das Verhalten seines Partners vielleicht als eine Art Kritik an, als hätte er durch irgend etwas, was er gesagt oder getan hat, den Partner depressiv gemacht. Manche Leute versuchen, ihren Partner aus der Depression herauszuholen, indem sie ihn dazu auffordern, sich doch zusammenzureißen, und dann aggressiv werden, wenn dieser dazu nicht in der Lage ist. Sie haben große Schwierigkeiten, das Gefühl ihres Partners, sich zu überhaupt nichts aufraffen zu können, nachzuvollziehen, und sagen Dinge wie: «Warum *zwingst* du dich nicht einfach dazu, etwas zu tun?»

Eine besonders schwierige Situation kann in einer Beziehung entstehen, wenn der nichtdepressive Partner eigentlich selbst zu Depressionen neigt, aber diese Gefühle unterdrückt bzw. sowohl vor anderen als auch vor sich selbst verleugnet. So halten beispielsweise manche Leute ihre depressiven Gefühle mit Hilfe eines hektischen, leistungsorientierten Lebensstils im Zaum. Wenn dann der Partner depressiv wird, kann es für solche Menschen schwieriger werden, die eigenen Depressionen zu unterdrücken. Geradezu panisch reagieren manche Menschen auf eine Depression ihres Partners, die es in der Kindheit mit einem zu Depressionen neigenden Elternteil zu tun hatten. Hinter ihrer Ungeduld, ihrem aggressiven Verhalten oder ihrem Rückzug steckt dann oft die Angst, mit in die Tiefe herabgezogen zu werden. Diese Dynamik stellte ich bei einem Ehepaar fest, das vor einiger Zeit zu mir in die Beratung kam.

Als Frau M. ihre erste Depression bekam, zog sich ihr Ehemann fast völlig von ihr zurück. Bis zu diesem Zeitpunkt hatten die beiden eine sehr gute, partnerschaftliche Beziehung geführt. Aber als Frau M. herausfand, daß ihr Vater ein außereheliches Verhältnis hatte, geriet ihre ganze Welt ins Wanken und sie wurde sehr depressiv. Herr M. konnte nichts mit ihrer Reaktion anfangen und ging dazu über, immer mehr Zeit außer Haus zu verbringen. In der therapeutischen Arbeit stellte sich heraus, daß Herr M. von einer abhängigen, depressiven Mutter aufgezogen worden war. Seine ganze Kindheit war geprägt von Schuldgefühlen ihr gegenüber. Gleichzeitig hatte er sehr unter der Last gelitten, die sie ihm aufbürdete. Obwohl er als erwachsener Mann diesen belastenden Aspekt seiner Kindheit «vergessen» hatte, löste die Depression seiner Frau bei ihm anscheinend eine früher gelernte («konditionierte») Reaktion auf die chronischen Depressionen seiner Mutter aus.

Schauen Sie sich die Depression Ihres Partners genau an. Kennen Sie ähnliche – vielleicht weniger schwere – Zustände bei ihm aus der Vergangenheit? Oder ist die Depression etwas ganz Neues für ihn, etwas, was gar nichts mit dem Menschen zu tun hat, den sie so gut kennen? Möglicherweise hat die Verletzbarkeit und Verunsicherung, die Sie bei Ihrem Partner erleben, etwas mit gesundheitlichen Problemen zu tun, mit der Schwächung emotionaler Kontrollmechanismen oder damit, daß eine allgemeine «Geschäftigkeit», die ihn in der Vergangenheit davor bewahrt hat, depressiv zu werden, nicht mehr aufrechterhalten werden kann oder keine Wirkung mehr zeigt. Worauf ich hinauswill: Wenn Sie selbst nicht mit Depressionen vertraut sind, versuchen Sie, die Situation Ihres Partners so gut wie möglich zu verstehen und eine Vorstellung davon zu bekommen, was in ihm vorgeht und was er durchmacht. Vielleicht kommt irgendwann der Tag, an dem Sie selbst in eine Depression fallen. Und dann werden Sie merken, wie hilflos, verzweifelt, leer und orientierungslos man sich fühlen kann, wenn man depressiv ist. In der Zwischenzeit sollten Sie Ihr Bestes geben, um Ihrem Partner über die schwere Zeit hinwegzuhelfen.

Ein paar der besonderen Schwierigkeiten, wie sie häufig in Beziehungen zwischen zwei Partnern bestehen, von denen der eine zu Depressionen neigt und der andere nicht, zeigen sich in den Erfahrungen von Herrn und Frau T., einem Ehepaar in den Dreißigern.

Frau T. litt unter regelmäßig wiederkehrenden Depressionen, die zwar nicht besonders schwer waren, aber in der ansonsten guten Ehe immer wieder zu unverhältnismäßig großen Konflikten führten. Frau T. beschrieb ihren Ehemann als freundlich, umgänglich und als ein große Stütze. Wenn sie aber eine depressive Phase durchmachte, verlor er, so beschrieb sie es, immer irgendwann die Geduld mit ihr und reagierte gereizt und aufbrausend.

Frau T. brachte ihren Mann mit in die Beratung; er war mir auf Anhieb sympathisch. Er war mit mehreren – älteren und jüngeren – Geschwistern aufgewachsen und hatte dadurch gute zwischenmenschliche Fähigkeiten erworben. Herr T. hatte Betriebswirtschaft und Psychologie studiert und galt von seiner ersten Anstellung an als außergewöhnlich guter Personalchef. Er machte einen vernünftigen, besonnenen und hellsichtigen Eindruck und war besonders stolz auf seine Fähigkeit, auf Menschen und ihre Probleme einzugehen und sie bei der Suche nach Lösungen zu unterstützen. Zum Glück – oder in diesem Fall: leider – war er sein ganzes Leben lang noch nicht depressiv gewesen. Bei den wenigen Rückschlägen, die er aufgrund äußerer Umstände erlebt hatte, habe er sich, so gab er an, stets gesagt: «Jetzt erst recht!», und sich damit zum Weitermachen antreiben können. Ich entschloß mich zu dem Versuch, Herrn T. dabei zu helfen, die Depressionsneigung seiner Frau zu verstehen, und sich gleichzeitig über seine eigene Reaktion auf diese Eigenschaft klar zu werden.

Bald wurde deutlich, aus welchen Gründen Herr T. bisweilen wenig einfühlsam auf seine Frau reagierte: Erstens liebte er sie sehr und ertrug es nur schwer, sie so depressiv zu sehen. Anders als bei den Menschen, mit denen er arbeitete und bei denen er die nötige und wichtige Distanz aufrechterhalten konnte, litt er in dieser Situation genauso sehr wie seine Frau, und hätte praktisch alles getan, um ihren Schmerz zu lindern. Zweitens fühlte sich Herr T. insgeheim verantwortlich für die Depression seiner Frau. Da er ihren Zustand nicht nachvollziehen konnte, nahm er irrtümlich an, daß dieser etwas damit zu tun haben mußte, daß sie ihn doch nicht wirklich liebte und nicht wirklich glücklich mit ihm war. Auf einer unterbewußten Ebene sah Herr T. also in der Depression seiner Frau den Beleg dafür, daß er ein schlechter Ehemann war. Drittens war Herr T. zwar mit Recht stolz auf seine professionelle Fähigkeit, anderen Menschen bei der Lösung ihrer Probleme zu helfen, fragte sich aber andererseits: «Was bin ich bloß für ein Mensch, wenn ich nicht einmal meiner eigenen Frau helfen kann?» Für Herrn T. bedeutete die Depression seiner Frau, in einem wichtigen Bereich seines Lebens versagt zu haben – und er war es nicht gewöhnt zu versagen.

Nachdem Frau T. begriffen hatte, wo die Ursprünge der Schwierigkeiten ihres Mannes lagen, konnte sie die ersten wichtigen Schritte zur Überwindung ihrer gemeinsamen Probleme unternehmen. «Sieh mal,» sagte sie, «ich hatte eine miese Kindheit. Und ich habe dieses prämenstruelle Syndrom und dazu noch Probleme mit der Schilddrüse. Eigentlich wundert es mich, daß ich nicht noch öfter depressiv werde. Du bist weder schuld an meinen Depressionen, noch ist es deine Aufgabe, mich von ihnen zu befreien. Bitte, gib es auf, mich retten zu wollen – nur so kannst du mir eine wirkliche Stütze sein. Fühle dich nicht so verdammt verantwortlich, und überlaß es mir, mit meinen depressiven Gefühlen fertigzuwerden!» Herr T. befolgte den Rat seiner Frau, und damit nahmen die Spannungen und Konflikte, die es wegen ihrer Depressionen zwischen den beiden gegeben hatte, deutlich ab.

Nicht selbst auch in eine Depression hineinschlittern

«Depressionen können ansteckend sein ...»

Ob der Partner eines depressiven Menschen selbst zu Depressionen neigt oder nicht, in jedem Fall muß er aufpassen, nicht selbst in eine Depression abzurutschen. Diese Möglichkeit ist gegeben, wenn die Partner ein sehr enges Verhältnis zueinander haben und wirklich um das Wohlergehen des jeweils anderen besorgt sind. Dies ist ein weiteres Argument dafür, professionelle Hilfe aufzusuchen: Ein Außenstehender kann auch deshalb oft mehr ausrichten, weil er sich nicht der Illusion hingibt, Depressionen seien allein mit Liebe zu «heilen».

Als Partner eines depressiven Menschen können Sie am meisten tun, wenn Sie nicht vergessen, daß Ihre Möglichkeiten zu helfen begrenzt sind. Depressionen können ansteckend sein, und manchmal ist es nicht leicht, sich nicht von seinem depressiven Partner mit herunterziehen zu lassen. Je depressiver dieser wird, um so stärker wird Ihr Drang, ihm zu helfen. Sie sind in sehr großer Sorge und setzen Gott und die Welt in Bewegung, um dem anderen zu helfen, was zumindest zum Teil auch damit zu tun hat, daß die Hilflosigkeit, die Sie erleben, kaum zu ertragen ist. Wenn Sie sich dann sehr verausgaben und trotzdem wenig Erfolg sehen, regt sich schnell Ärger auf den depressiven Partner, der Sie so sehr in Ihren Bemühungen, ihm zu helfen. frustriert hat.

Die folgenden Richtlinien aus dem Buch *The Book of Hope* von Helen DeRosis und Victoria Pellegrino können eine Hilfe für jeden Partner eines depressiven Menschen darstellen, auch wenn sie speziell für die Partner depressiver Frauen geschrieben wurden.

1. Depressionen sind ansteckend, versuchen Sie, sich nicht selbst in die Knie zwingen zu lassen.

2. Nehmen Sie die Sorgen Ihrer Partnerin ernst.

3. Zeigen Sie freundliche, aber nicht besorgte Anteilnahme.

4. Vergessen Sie nicht, daß sie es überstehen wird.

5. Bemühen Sie sich um eine heitere, lockere Atmosphäre.

6. Sorgen Sie für so viel Ablenkung wie möglich.

7. Vergessen Sie nicht, daß Sie auch selbst in den Genuß dieser «Sonderbehandlung» kommen, wenn Sie sie eines Tages brauchen sollten. (DeRosis & Pellegrino, 1977)

Anders miteinander umgehen

«... kein Mensch kann einen anderen aus einer Depression herausholen ...»

Ich möchte die vorstehenden Richtlinien um einige Ratschläge für Partner depressiver Menschen ergänzen, Ratschläge, die sich speziell auf Ihren Interaktionsstil beziehen, d. h. darauf, wie Sie beide miteinander umgehen.

1. Wenn Ihr Partner depressiv ist, verschwenden Sie keine Zeit und Energie damit, ihn zu überzeugen, daß doch alles gar nicht so schlimm ist, wie er meint. *Der Depressive weiß es besser – er weiß, daß alles sehr schlimm ist!* Zumindest ist dies seine Wahrnehmung. Sie tun ihm nichts Gutes, wenn Sie hervorheben, wie unbedeutend seine Probleme oder wie abwegig seine Wahrnehmungen und Gefühle (in *Ihren* Augen) sind. Der depressive Partner empfindet ein solches Verhalten eher als Zurücksetzung denn als Trost. Was bei ihm ankommt, ist: «Es ist doch lächerlich, sich so zu fühlen» oder «Du stellst dich an». Wenn Sie die Gefühle und Sorgen Ihres Partners als unbegründet abtun, wird er sich nur klein und

164

dumm vorkommen und sich unverstanden und allein gelassen fühlen. Depressiven Menschen ist oft klar, daß sie die Dinge tatsächlich schlimmer sehen, als sie sind; das muß man ihnen nicht erst sagen. Vielleicht ist ihre Tendenz zur Schwarzmalerei ja sogar eine Reaktion auf die Tendenz anderer, ihre Gefühle als unbedeutend abzutun.

2. Zeigen Sie Verständnis dafür, daß man manchmal nur das Negative sieht und einem selbst kleinere Probleme unüberwindbar erscheinen. Wenn Ihr Partner merkt, daß Sie sich in ihn einfühlen können, wird er sich weniger allein gelassen und weniger losgelöst von der Realität fühlen. Manchmal passieren im Leben bestimmte Dinge, die einen depressiv werden lassen. Der zu Depressionen neigende Mensch mit all seinem Perfektionismus und seiner selbstkritischen Haltung zieht möglicherweise bestimmte Situation gar nicht als Ursachen seiner Depression in Betracht. Wenn Sie Ihrem depressiven Partner irgendwie dabei helfen können, den Auslöser für seine Depression zu erkennen, oder einfach deutlich machen, daß Sie verstehen, warum er so deprimiert ist, kann dies sehr erleichternd für ihn sein und ihm das Gefühl nehmen zu «spinnen». Wenn Sie sich verständnisvoll und einfühlsam zeigen, hat es der Depressive auch nicht mehr nötig, die Situation als schlimmer darzustellen, als sie ist, um Zuwendung von Ihnen zu bekommen. Wenn Sie die Gefühle Ihres Partners akzeptieren, schafft er es vielleicht selbst auch. Und allein dadurch wäre er schon einen großen Schritt weiter.

3. Es ist nicht so wichtig zu wissen, warum Ihr Partner depressiv ist. In den meisten Fällen würde das Wissen um den Grund vermutlich auch nicht viel weiter helfen! Wenn Ihre erste Frage nach dem Grund unbeantwortet bleibt, dringen Sie nicht weiter auf Ihren Partner ein. (Ich habe es erlebt, daß ansonsten liebevolle, mitfühlende Menschen in ihrem frustrierenden Bemühen, die Depression ihres Partners «an der Wurzel anzupacken», soweit gegangen sind zu sagen: «Also, so schlecht kann es dir doch gar nicht gehen, wenn du nicht einmal weißt, warum du depressiv bist!») Vergessen Sie

nicht, daß jeder Mensch das Recht hat, sich so zu fühlen, wie er sich fühlt – auch ohne genau zu wissen, warum. Schnelle Antworten auf die Frage nach dem Grund einer Depression wären, wenn man mittendrin steckt, ohnehin kaum mehr als Rationalisierungen und Scheinerklärungen. Erst wenn Sie aufhören, nach den Ursachen zu bohren, und statt dessen versuchen zu akzeptieren, was Ihr Partner fühlt, verliert er vielleicht den Eindruck, seine Gefühle vor Ihnen rechtfertigen zu müssen. In der Folge kann er sich entspannen und etwas weniger verkrampft – und daher vermutlich erfolgreicher – darüber nachdenken, wo die Ursachen für seine Depression liegen könnten.

4. Der beste, hilfreichste Ton, den man gegenüber einem depressiven Partner anschlagen kann, ist von einem ruhigen, freundlichen Mitgefühl gekennzeichnet. Ein angespanntes, sorgenvolles Mitgefühl dagegen könnte seine Angst und Unruhe noch verschlimmern. Bemühen Sie sich, für den anderen da zu sein, ohne allerdings allzuviel Ehrgeiz an den Tag zu legen, ihn so schnell wie möglich aus seiner Depression herauszuholen. Zu großes Engagement von Ihrer Seite könnte Ihrem depressiven Partner den Eindruck vermitteln, daß es nicht in Ordnung sei, depressiv zu sein; er würde unter Druck gesetzt, seine Depression sofort zu überwinden; dazu müsse er sich nur ein bißchen mehr Mühe geben. Der Depressive leidet unter Ihrer Unzufriedenheit und kreidet sie sich möglicherweise selbst an. Anstatt also Ihrem Partner irgendwie den Eindruck zu vermitteln, es sei alles furchtbar schlimm und es müsse sofort etwas passieren, *hören Sie ihm einfach zu,* versuchen Sie, ihm eine Stütze zu sein, und versichern Sie ihm, daß Sie *für ihn da sind.* Wenn Sie dann das Gefühl haben, daß die Zeit reif dafür ist, könnten Sie vorsichtig darauf hinweisen, daß die Maßstäbe und Erwartungen, die er sich setzt, Ihrer Meinung nach zu hoch sind.

Mit der Umsetzung dieser Vorschläge können Sie vielleicht *Bedingungen* schaffen, die hilfreich für Ihren Partner sind. Sie können ihm *Möglichkeiten* eröffnen, von denen er bei der Überwindung seiner Depression profitieren kann. *Aber kein Mensch kann einen anderen aus einer Depression herausholen – das ist eindeutig die Arbeit des Betroffenen selbst, sei es mit oder ohne professionelle Hilfe.* Ihre Anstrengungen sind von vornherein zum Scheitern verurteilt, wenn Sie glauben, Sie könnten Ihren Partner von seiner Depression befreien, wenn Sie sich nur genügend große Mühe geben. Wer die Verantwortung für die Depression eines anderen Menschen übernimmt, geht von einer falschen Tatsache aus – daß er nämlich Macht über die Stimmungen und Gefühle eines anderen Menschen habe. Ehrlich gesagt, ist dies eine ziemlich arrogante Annahme, die Ihr depressiver Partner geradezu als Kränkung erleben könnte – vor allem, wenn er sich *ohnehin schon* abhängig, hilflos oder von oben herab behandelt fühlt. In diesem Fall könnte Ihr Versuch, das Ruder ganz in die Hand zu nehmen, seine Depression noch schlimmer machen. Mit einem solchen Verhalten sind indirekt auch bestimmte Forderungen verbunden – und das zu einer Zeit, in der Ihr Partner am allerwenigsten in der Lage ist, mit Forderungen umzugehen. Dazu kommt, daß Sie es bei einem solchen Überengagement auch schnell persönlich nehmen, wenn Ihr Partner Ihre Bemühungen scheinbar nicht zu schätzen weiß oder nicht so reagiert, wie Sie es gern hätten.

Vorbeugen ist besser als heilen

«.... bitten Sie Ihren Partner, Ihnen zu sagen, was ihm am meisten hilft.»

Es gibt einige Dinge, die Sie vorbeugend tun können, um diejenigen Aspekte Ihrer Beziehung zu verändern, die möglicherweise zur Aufrechterhaltung der Depressionen Ihres Partners beitragen, und um Ihrem Partner zu helfen, mit seiner Anfälligkeit für Depressionen umzugehen.

1. Sie können versuchen, in Ihrer Kommunikation mit Ihrem Partner immer sehr klar zu sagen, was Sie meinen. Kann es sein, daß Sie manchmal ein wenig um den heißen Brei herumreden, um eine Kritik oder Forderung etwas abzuschwächen

und keinen Streit aufkommen zu lassen? Menschen, die zu Depressionen neigen, reagieren oft äußerst empfindlich auf Kritik und haben eine feine «Antenne» für negative Reaktionen; aus diesem Grund interpretieren sie manchmal etwas in die Äußerungen anderer hinein, was diese nicht sagen wollten. Ihr depressiver Partner muß *genau* wissen, woran er bei Ihnen ist; wahrscheinlich ist er in seiner Verfassung sowieso nicht in der Lage, subtile Hinweise von Ihnen zu entschlüsseln. Auch Kritik und Forderungen sollten Sie klar und direkt formulieren, niemals verdeckt. Sagen Sie offen und ehrlich, was Sie stört und ärgert. Versuchen Sie vor allem nicht, ein Problem zu umgehen, indem Sie Ihren Ärger verleugnen. Wenn Sie sich ärgern, es aber nicht zugeben, spürt Ihr depressiver Partner dies vielleicht und glaubt womöglich, Ihr Unmut sei viel größer, als es tatsächlich der Fall ist. Solche unterschwelligen Botschaften können bei einem zu Depressionen neigenden Menschen Schuldgefühle auslösen und eine weitere Schwächung des Selbstwertgefühls bewirken.

2. In Zeiten, in denen Ihr Partner nicht depressiv ist, sollten Sie versuchen, sich über Ihre eigenen Wünsche und Bedürfnisse klar zu werden, und sie ihm offen und ehrlich mitteilen. Da Ihr Partner mehr eigene Erfahrungen damit hat, auf Unterstützung und Zuwendung angewiesen zu sein, ist er vermutlich offener für Bitten und Wünsche als Sie. Vielleicht geht er davon aus, daß Sie immer zufrieden seien und ganz ohne fremde Unterstützung zurechtzukämen. Sie können diese Vorstellung dadurch richtigstellen, daß Sie sich klarmachen, was genau Sie sich von Ihrem Partner wünschen, und ihn darum bitten – und zwar möglichst dann, wenn er nicht gerade mitten in einer Depression steckt. Meiner Meinung nach gibt es mindestens drei Gründe für Sie, Ihre Wünsche an Ihren Partner klar und offen zu formulieren: 1. Sie geben Ihrem Partner damit das Gefühl, gebraucht zu werden. 2. Es verschafft Ihrem Partner Befriedigung, wenn er Ihnen einen Wunsch erfüllen kann. 3. Ihr Partner fühlt sich nicht subtil manipuliert. Mit Ihrer Klarheit geben Sie Ihrem Partner auch

die Möglichkeit, eine Bitte abzuschlagen, und zwar ohne die starken Schuldgefühle, die er hat, wenn er indirekt oder unklar formulierten Forderungen nicht nachkommt.

Das Verbergen von Bedürfnissen und die Weigerung, klare Bitten zu formulieren, kann von Ihrem Partner auch als Zurückweisung empfunden werden. Mit offen ausgesprochenen Wünschen und Bitten kann er wahrscheinlich viel besser umgehen als mit diffusen allgemeinen Forderungen, unklaren Andeutungen oder versteckter Kritik, z. B. durch einen kurzen enttäuschten oder abschätzigen Blick. Ihr zu Depressionen neigender Partner will gebraucht werden und ein vollwertiges Gegenüber für Sie sein. Dann muß er auch keine so großen Schuldgefühle haben, wenn er Sie einmal um etwas bittet.

3. Sie müssen Ihren Partner dazu motivieren, daß er mit Ihnen Hand in Hand arbeitet. Vor allem zwei Stolpersteine gilt es dafür aus dem Weg zu räumen: zum einen, daß er Ihnen vielleicht nur unbestimmte oder gar keine Rückmeldung darüber gibt, wie Ihre Versuche, ihm zu helfen, bei ihm ankommen; und zum anderen Aggressionen.

Was die ausbleibende oder unklare Rückmeldung betrifft, so sind Partner von Depressiven oft völlig im dunkeln darüber, womit sie dem anderen am besten helfen können. Wenn Sie also verschiedene Dinge tun, damit es Ihrem Partner besser geht, sollten Sie ihn bitten, Ihnen die Sache dadurch leichter zu machen, daß er Ihnen sagt, was ihm am meisten hilft. Auch ist es gut, wenn er zu erkennen gibt, daß er Ihre Hilfe zu schätzen weiß, und Sie dadurch in Ihren Bemühungen bestärkt. Vielleicht weiß der Depressiven selbst gar nicht genau, was ihm guttut; haben Sie aber einmal Verschiedenes ausprobiert, sollten Sie ihn auf jeden Fall bitten, Ihnen zu sagen, was ihm am meisten hilft.

Wenn Ihr depressiver Partner nicht direkt sagen kann oder will, was er von Ihnen will, bleibt ihm oft nichts anderes übrig, als mit einem gequälten Gesicht herumzulaufen und darauf zu hoffen, daß Sie ihm seine Wünsche von den Augen ablesen. Dies ist eine Form von Manipulation, die möglicherweise eine bestimmte Zeitlang effektiv ist, aber auf Dauer die Selbstachtung des depressiven Partners untergräbt. Und auf Ihrer Seite könnte es zu Schuldgefühlen und später auch zu Aggressionen kommen, wenn Sie es nicht schaffen, Ihrem Partner seine unausgesprochenen Wünsche zu erfüllen.

Lassen Sie nicht zu, daß Ihr Partner folgendes Spiel mit Ihnen spielt: «Wenn ich erst um etwas bitten muß, hat es keinen Wert für mich.» Depressive, die meinen, ihr Partner könne Ihnen die Wünsche von den Augen ablesen, vertrauen auf das Prinzip von Versuch und Irrtum – und das ist (zumindest in diesem Fall) nicht sehr effektiv. Alles in allem ist es sehr viel besser für Sie beide, Ihre Energie darauf zu verwenden, gemeinsam etwas gegen die Depression zu unternehmen, als Ratespielchen zu spielen. Jeder würde es anstrengend finden, ständig seine Antennen ausfahren zu müssen, um unausgesprochene Wünsche und Bedürfnisse einzufangen. Und wenn das Ratespiel zu lange dauert und zu frustrierend wird, sind Sie bald soweit, daß Sie Ihrem Partner *überhaupt nichts* mehr geben wollen. Bringen Sie also Ihre Gefühle zu diesem Punkt offen zur Sprache. Auf diese Weise zeigen Sie Ihrem Partner, daß er am leichtesten bekommt, was er braucht oder sich wünscht, wenn er Sie einfach darum bittet.

Vielleicht müssen Sie manchmal auch eine Bitte Ihres Partners ablehnen, da Sie selbst ebenfalls Ihre Bedürfnisse und Ihre Grenzen haben. Aber auf lange Sicht sollte Ihrem Partner klar werden, daß Sie ihm um so besser beistehen können, je mehr sie über seine Wünsche und Bedürfnisse wissen. Und wenn seine Bedürfnisse zumindest teilweise erfüllt werden, ist er auch nicht mehr so angespannt und unzufrieden. Und damit wäre ein Faktor, der zu seinen Depressionen beigetragen hat, aus dem Weg geräumt.

Aber Ihr depressiver Partner sollte nicht erwarten, daß Sie erahnen können, was er will (vor allem, wenn er sich selbst darüber nicht im klaren ist). Woher sollen Sie wissen, wie Sie sich verhalten sollen, wenn er nur irgendwie unzufrieden ist und gar nicht weiß, woran das liegt? Auch wenn Sie Ihren Partner noch so sehr lieben, werden Sie es nicht schaffen, bis auf den «Grund seiner Seele» zu sehen. Es kann nur so gehen, daß Sie *gemeinsam* verschiedene Wege ausprobieren, sich gegenseitig die notwendige Zuwendung zu schenken.

Das zweite Problem, das Ihre Bemühungen, Ihrem depressiven Partner zu helfen, im Wege stehen kann, sind Aggressionen. Hin und wieder nehmen Sie es Ihrem depressiven Partner vielleicht doch einmal etwas übel, daß er Ihnen soviel Mühe macht. Oder Sie bemitleiden sich selbst, lassen ihn Ihre Mißbilligung spüren oder tun etwas, das ihm *noch mehr* Schuldgefühle macht, als er ohnehin schon hat. Dies alles kann die Depression Ihres Partners verschlimmern und ihn aggressiv werden lassen, wenn er sich dessen bewußt wird.

Wenn Sie merken, daß Sie beide nicht weiterkommen und dies etwas mit Aggressionen zu tun hat, unternehmen Sie sofort etwas dagegen: Laden Sie Ihren Partner zu einem Spaziergang oder einer Spazierfahrt ein. Einfach aus den eigenen vier Wänden herauszukommen und eine andere Umgebung zu sehen kann schon eine angenehme Abwechslung für Sie beide sein. Sollte sich Ihr Partner allerdings sträuben, aus dem Haus zu gehen, drängen Sie ihn nicht dazu. Machen Sie statt dessen den Vorschlag, etwas zu Hause zu tun, was Ihnen Spaß macht und nicht mit großem Aufwand verbunden ist, z. B. Musik zu hören, sich gegenseitig den Rücken zu massieren, zu lesen, eine Kleinigkeit zu essen oder gemeinsam fernzusehen. Wenn Sie ein bißchen experimentieren, finden Sie bestimmt ein paar Dinge, mit denen Sie sich gut ablenken können. Denken Sie daran: Oft bekommt man erst einen Zugang zu einem Bedürfnis, *nachdem* es befriedigt wurde.

Noch ein Punkt zum Thema Aggressionen: Es ist vielleicht hilfreich für Sie, sich klarzumachen, daß Ihr Partner möglicherweise auch manchmal deshalb tobt, weil er sich dann nicht mehr so klein und verletzbar fühlt. Allerdings kann ihm sein Wutausbruch letztendlich weder neues Selbstbewußtsein verschaffen noch das Gefühl, die Lage im Griff zu haben. Besonders frustrierend ist es für einen Depressiven, wenn sich der andere vor oder während einer Auseinandersetzung einfach zurückzieht. Oftmals entwickelt sich zwischen einem depressiven Menschen und seinem Partner ein frustrierendes und unproduktives *Angriff-Rückzugs-Muster:* Je aggressiver der Depressive wird, um so stärker zieht sich der Partner zurück und «macht dicht», um sich selbst zu schützen.

Ein paar Worte zum emotionalen Rückzug. Manche Partner von Menschen, die zu Depressionen neigen, lassen in Ihren Bemühungen mit der Zeit immer mehr nach, weil sie immer wieder die Erfahrung machen, daß ihre Versuche, etwas für ihren Partner zu tun, bei diesem nicht auf große Gegenliebe stoßen. Aber vergessen Sie nicht, daß das Argument, der Partner sei sowieso nicht zufriedenzustellen, auch eine willkommene Entschuldigung dafür sein kann, *gar nichts mehr* zu tun. Wenn Ihnen diese destruktive Dynamik nicht behagt – was ich hoffen möchte –, dann versuchen Sie doch, Ihren Partner dazu zu bringen, seine Erwartungen an Sie etwas herunterzuschrauben. Versuchen Sie auch, ihm begreiflich zu machen, daß er Ihnen keine Vorwürfe wegen mangelnder Zuwendung machen soll. Lassen Sie ihn wissen, daß solche Kritik an Ihren Bemühungen Sie von ihm wegtreibt und bestimmt auch Schuldgefühle in ihm auslöst – so daß letzten Endes niemandem gedient ist.

Wer zu Depressionen neigt und mit einem gleichgültig wirkenden Partner zusammenlebt, meint manchmal, seinem Partner nur mit Hilfe eines Tobsuchtsanfalls irgendeine Reaktion abringen zu können. Falls solche Anfälle allerdings überhaupt etwas in der Beziehung verändern, dann meist nur vorübergehend. Schnell ist wieder alles beim alten, und das bedeutet für den Depressiven eine erneute Bestätigung seines Deprivationsskripts («niemand versteht mich, niemand hat mich lieb»). Oder Sie ziehen sich beide in Ihr Schneckenhaus zurück: Sie aus Enttäuschung und Ärger und Ihr Partner aus Hilflosigkeit und Frustration. *Aber ist das eine Art, miteinander zu leben?* Wenn solche negativen Interaktionen zu einem festen Muster in einer Beziehung werden, ist eindeutig eine Paarberatung angezeigt. Was die Aggressionen betrifft, die in Ihnen als Partner eines depressiven Menschen aufkommen, können diese auch einfach daher rühren, daß es oft schwierig und mühselig ist, mit einem depressiven Menschen umzugehen. Akzeptieren Sie, daß Sie ein gewisses Maß an Ruhe, Entspannung und Erholung brauchen, um ein bißchen Distanz zu der Situation zu gewinnen. Vielleicht finden Sie auch Möglichkeiten, gezielt aufgestaute Aggressionen abzubauen.

Einen klaren Kopf bewahren

Wenn Sie bereit sind, bei Ihrem depressiven Partner auszuharren, können Sie vielleicht ein paar spezielle Vorschläge brauchen, um einen klaren Kopf zu bewahren und sich davor zu schützen, allzusehr von der Depression Ihres Partners in Mitleidenschaft gezogen zu werden. Auch ein hochmotivierter, von Liebe erfüllter und energiegeladener Helfer ist irgendwann mit seinen Kräften am Ende, wenn die zusätzlichen Aufgaben, Sorgen und Belastungen ihren Tribut fordern. Und niemand – nicht einmal Sie – schafft es, immer geduldig, verständnisvoll und hilfreich zu sein – vor allem wenn der Lohn dafür aus Apathie, Tränen oder gereizten Worten besteht. Irgendwann stellen Sie vielleicht fest, daß Ihre eigenen Bedürfnisse, Interessen und Verpflichtungen viel zu kurz kommen und sich alles nur noch um Ihren Partner bzw. seine Depressionen dreht.

Die eigenen Grenzen im Blick behalten

Wer depressiv ist, vernachlässigt oft die Körperpflege, ernährt sich nicht ausreichend und hält seine Sachen nicht mehr in Ordnung. Oft nehmen sich dann die Partner dieser Dinge an, damit keine Situation entsteht, die die Depression noch verschlimmern würde. Dies ist allerdings keinesfalls eine Aufgabe, die mit links zu erledigen ist. Als Helfer dürfen Sie nicht aus den Augen verlieren, daß Ihre Ressourcen begrenzt sind. Bis die Depression Ihres Partners überwunden ist, kann einige Zeit vergehen. Daher sind Sie gut beraten, wenn Sie überlegen, was Sie für Ihr eigenes «Überleben» tun können. Anderenfalls werden Sie ziemlich schnell mit Ihren Kräften am Ende sein. Auch wenn Sie freiwillig und aus Liebe für Ihren depressiven Partner sorgen, werden Sie mit zunehmender Erschöpfung auch anfälliger für negative Gefühle wie Frustration, Hilflosigkeit, Gereiztheit und schließlich Ärger und Wut. Bisweilen haben Sie vielleicht das Gefühl, daß Ihr Partner Ihre Bemühungen gar nicht zu schätzen weiß und Sie ausnutzt oder vernachlässigt, wenn so wenig oder gar nichts zurückkommt. Aber vergessen Sie nicht, daß Sie die Situation nur noch schlimmer machen, wenn Sie sich aufregen oder den Märtyrer spielen, denn damit bürden Sie Ihrem depressiven Partner noch mehr Schuldgefühle und Selbstvorwürfe auf.

An die eigenen Bedürfnisse denken

Als Partner eines depressiven Menschen können Sie auf Dauer weder Ihre persönlichen Bedürfnisse zurückstellen noch ständig Ihre Aggressionen unterdrücken. Machen Sie sich den Ärger, der in Ihnen steckt, bewußt, anstatt ihn zu unterdrücken und damit das Risiko einzugehen, daß er auf verschlungenen Wegen an die Oberfläche kommt oder in einen plötzlichen (und nicht nachvollziehbaren) Ausbruch mündet. Beides würde weder Ihnen noch Ihrem Partner gut bekommen. Der nächste Schritt besteht darin, sich ein Ventil für Ihre Aggressionen zu suchen. Reagieren Sie sich ab, wenn Sie nicht mit Ihrem Partner zusammen sind, so daß Sie in seiner Gegenwart einigermaßen gelassen bleiben können. Aggressionen können Sie durch körperliche Bewegung abbauen, etwa durch Jogging oder Ausklopfen von Kissen, oder auch in Gesprächen mit einem vertrauten Menschen oder einem professionellen Helfer.

Es sollte auch gesagt werden, daß Sie zur Bewältigung Ihrer schwierigen Situation vielleicht auch selbst professionelle Hilfe brauchen, besonders wenn Sie merken, daß die Depressionen Ihres Partners auch etwas mit Ihrer Beziehung zu tun haben. Vorausgesetzt, sowohl Ihr Partner als auch sein Therapeut sind dazu bereit, könnten Sie auch mit an Therapiesitzungen teilnehmen, um mit professioneller Unterstützung an der Beziehung zu arbeiten.

Hier noch eine Reihe von Hinweisen und Ratschlägen, deren Beherzigung Sie davor bewahren kann, in einige der Fallen zu tappen, die typisch sind für die Situation von Partnern depressiver Menschen.

- *Schützen Sie sich selbst.* Nehmen Sie die schlechte Laune des Depressiven nicht persönlich, es sei denn, Sie sind tatsächlich eindeutig für sie verantwortlich.

- *Vernachlässigen Sie Ihre eigenen Bedürfnisse nicht.* Sie können nicht bis in alle Ewigkeit Ihre eigenen Bedürfnisse zurückstellen. Da Sie im Moment nicht auf die Hilfe Ihres Partners zurückgreifen können, müssen Sie auf andere Weise dafür sorgen, daß Sie in emotionaler, physischer und geistiger Hinsicht nicht zu kurz kommen.

- *Geben Sie nicht grenzenlos.* Geben Sie nicht so lange, bis Sie selbst nichts mehr haben. Tun Sie, was Sie können, aber passen Sie auf, daß Sie nicht «emotional bankrott gehen». Es bringt nichts, den Depressiven wie einen Invaliden zu behandeln und ihm zu erlauben, in völliger Bewegungslosigkeit zu verharren.

- *Bitten Sie um Unterstützung.* Es ist viel besser, etwas *mit* dem Depressiven zu tun, als ständig nur Dinge *für* ihn zu tun. Lassen Sie sich bei der Erledigung von Arbeiten und Aufgaben helfen. Manchmal können depressive Menschen sich besser zu einer Arbeit aufraffen, wenn sie sie gemeinschaftlich mit jemand anderem angehen können. Betonen Sie, daß die gemeinsame Aktivität «keine große Sache» für Sie ist, daß die Depression, in der Ihr Partner steckt, bestimmt bald vorübergeht, und daß er, wenn er wieder auf dem Damm ist, Ihnen bei der Erledigung Ihrer Aufgaben behilflich sein kann.

- *Legen Sie Wert auf Freizeit.* Gehen Sie weiterhin Ihren eigenen Interessen, Hobbys und regelmäßigen Aktivitäten nach. Sorgen Sie dafür, daß Sie hin und wieder der Last Ihrer Helferrolle entfliehen können. Dies ist wichtig, um neue Energien zu tanken und sich selbst bei Stimmung zu halten.

- *Schotten Sie sich nicht ab.* Wenn sich Ihr depressiver Partner in Gesellschaft unwohl fühlt oder zu erschöpft ist, um unter Leute zu gehen, dann machen Sie sich allein auf den Weg. Sie brauchen dies als Ausgleich und um sich im Kontakt mit anderen Menschen Kraft, Unterstützung und neuen Mut zu holen. Wenn Sie wieder bei Ihrem Partner sind, können Sie gestärkt Ihre Helferrolle wieder aufnehmen.

- *Begrenzen Sie «Depressionsgespräche».* Zwar ist es hilfreich, dem Depressiven mitfühlend zuzuhören und auch Trost zu spenden; das ständige Hervorkramen und Analysieren vergangener Erlebnisse wird seinen Zustand aber eher verschlimmern. Und wer seinen depressiven Partner ermutigt, sich immer wieder mit seinen Gefühlen der Verzweiflung, des Versagthabens und der Minderwertigkeit zu befassen, verstärkt diese negativen Gefühle noch, anstatt sie abzubauen. Reden Sie über andere – positive – Dinge, und bringen Sie Ihren Partner davon ab, sich immer nur mit sich selbst zu beschäftigen.

- *Versuchen Sie, sich und Ihren Partner bei Laune zu halten.* Natürlich werden Sie Ihren Partner nicht damit aufheitern können, daß Sie laute Rockmusik spielen, einen Witz nach dem anderen von sich geben oder den Clown spielen. Und für Sie wäre das das gleiche, als müßten Sie in einer Leichenhalle Gymnastik treiben oder auf einer Beerdigung Sketche aufführen. Aber Dinge wie lockere, unterhaltsame Geschichten zu erzählen, ruhige Musik zu spielen, gemeinsam etwas zu unternehmen oder bewußt das Gespräch auf heitere Themen zu lenken können sowohl für Sie als auch für Ihren Partner eine willkommene Ablenkung darstellen.

In ihrem Buch *Depression* schreibt Wina Sturgeon (1979): «Richten Sie Ihren Zorn gegen die Krankheit, nicht gegen den Kranken.» Wenn Sie den Eindruck haben, Ihr Partner tue wenig, um aus seiner Depression herauszukommen, vergessen Sie nicht, daß er wirklich leidet und es sich nicht *ausgesucht* hat, depressiv zu sein. *Wer würde sich so etwas schon aussuchen?* Trotzdem gehört – und daran ist nicht zu rütteln – die Depression im Moment zu Ihrem Leben dazu. Anstatt sich mit Vorwürfen oder Schuldgefühlen zu plagen oder irgendwelche «Spielchen» zu spielen, sollten Sie – Ihrem Partner und sich selbst zuliebe – Ihre Kraft vor allem darauf verwenden, daß Sie beide die Depression durchstehen, ohne an Leib oder Seele Schaden zu nehmen.

Literatur

Arieti, Silvano & Bemporad, Jules (1983). Depression. Stuttgart: Klett-Cotta.

Erikson, Erik (1965). *Kindheit und Gesellschaft.* Stuttgart: Klett, 1965.

Horney, Karen (1954). *Unsere inneren Konflikte.* Stuttgart: Kilpper.

McKay, Matthews & Fanning, Patrick (1987). *Self-Esteem.* Oakland, CA: New Harbinger.

Meichenbaum, Donald & Turk, D. (1976). The cognitive-behavioral management of anxiety, anger and pain. In P. O. Davidson (ed.), *The Behavioral Management of Anxiety, Depression and Pain.* New York: Brunner/Mazel.

Stone, Hal & Stone, Sidra (1996). *Du bist richtig.* München: Heyne.

DeRosis, Helen A. & Pellegrino, Victoria (1977). *The Book of Hope/How Women Can Overcome Depression.* New York: Bantam.

Sturgeon, Wina (1979). *Depression.* Englewood Cliffs, N. J.: Prentice-Hall.

Über den Autor

Dr. Jay Cleve ist seit über dreißig Jahren – derzeit in privater Praxis in Madison und Stevens Point im US-Bundesstaat Wisconsin – als Psychotherapeut tätig. Zuvor hatte er an den Universitäten von Arkansas und Madison Klinische Psychologie und Beratungspsychologie studiert.

Seine berufliche Laufbahn begann Cleve an der *Community Mental Health Clinic* in Stevens Point (Wisconsin), die er siebzehn Jahre lang leitete. Darüber hinaus war er, teils in leitender Position, an mehreren Aus- und Weiterbildungsgängen für Klinische und Beratungspsychologie bzw. Psychotherapie tätig. Daneben betätigte er sich als Berater zahlreicher öffentlicher Institutionen, vor allem im Gesundheitsbereich.

Dr. Cleve hat eine Gestalt- und eine Familientherapieausbildung absolviert. Darüber hinaus hat er an Seminaren für Paartherapie, Leitung von Encountergruppen, Hypnotherapie, Rorschachdiagnostik und Kunsttherapie teilgenommen.

Dr. Cleve hält Seminare und Workshops zu den Themen Burnout, Streßmanagement, Bewältigung von Depressionen, Beziehungen und Intimität ab.

Anzeigen

Daniel Hell

Seelenhunger

Daniel Hell

Seelenhunger

Der fühlende Mensch und
die Wissenschaften vom Leben

Zweite
korrigierte
Auflage

Verlag
Hans Huber

**Der fühlende Mensch und die
Wissenschaften vom Leben**

2., korr., Aufl. 2003.
278 S., 8 Abb., Kt
€ 22.95 / CHF 39.80
(ISBN 3-456-83983-9)

Das Buch stellt sich der Herausforderung, die Grundlagen einer psychiatrisch-psychologischen Heilkunde
nach Einsetzen der neurowissenschaftlichen Revo-
lution zu skizzieren. Es zeigt die historischen Entwick-
lungen des Seelenverständnisses auf und entwickelt
ein spätmodernes Konzept, das die neurowissen-
schaftliche «Außensicht» mit der erlebnisorientierten
«Innensicht» des Betroffenen verbindet.

Verlag Hans Huber http://Verlag.HansHuber.com
Bern Göttingen Toronto Seattle